Quantulacumque lucretiana

Nuove piste di ricerca sulla fortuna di Lucrezio nel tardo Rinascimento

Paolo Cherchi

Copyright © 2022 Paolo Cherchi
Copyright © 2022 Generis Publishing

All rights reserved. This book or any portion thereof may not be reproduced or used in any manner whatsoever without the written permission of the publisher except for the use of brief quotations in a book review.

Title: Quantulacumque lucretiana

Nuove piste di ricerca sulla fortuna di Lucrezio nel tardo Rinascimento

ISBN: 979-8-88676-053-8

Author: Paolo Cherchi

Cover image: https://pixabay.com/

Publisher: Generis Publishing
Online orders: www.generis-publishing.com
Contact email: info@generis-publishing.com

A Paolo Procaccioli

INDICE

PREFAZIONE 9
VARIA FORTUNA DELL'OPERA LUCREZIANA 13
   1. Fortuna rinascimentale di Lucrezio 15
   2. Natura dell'amore 22
   3. Poetica, mitografia, linguaggio dei simboli 28
   4. Sentenze, forme simboliche, emblemi 35
   5. Mitografia 42
   6. Meteorologia 47
   7. Generazione spontanea, mostri e peste 53
   8. Il magnete 58
   9. Sogni e i sensi esterni 61
   10. Fisica: il vacuo, il moto, gli atomi 65
Prima ricapitolazione 67
L'INNO A VENERE 69
   a) Equicola 72
   b) Alamanni 73
   c) Bruno 75
   d) Marino 75
   e) Marchetti 77
CONCLUSIONE E LA SINTESI DI VICO 81

PREFAZIONE

Ho pensato di cambiare il titolo di questo libretto e chiamarlo con maggior modestia *Spigolature lucreziane* perché il materiale che contiene ha il carattere della raccolta di quanto è sfuggito a chi ha lavorato i campi, riposte le messi e lasciato qualche chicco ai passeri e ai roditori. Ma mi legava a quel titolo, poi adottato, il dovere di dichiarare e di spiegare in qualche modo che questo lavoro ha una versione precedente[1] che ha richiamato l'attenzione dell'editore di Generis, il quale mi ha proposto di ristamparlo dopo averlo espanso fino a raggiungere il volume necessario per farne un opuscoletto. E a ripensarci, un titolo che metta in primo piano l'immagine di "spigolature" fa presupporre l'antecedente di un lavoro di mietitura, che in realtà non c'è mai stato o è stato fatto per settori, e comunque non ha prodotto un raccolto abbondante, come invece è avvenuto per la cultura francese e inglese. Incuria dei lavoratori oppure penuria del prodotto? È un problema che desta qualche riflessione, e il nostro intervento cerca, o almeno tenta, di renderlo meno grave recuperando una parte del raccolto perduto. E poiché ogni dato acquista valore nella misura in cui attenua la scarsità, la nozione dei *quantulacumque*"— da tradurre come "cose utili benché siano piccole" — trova una giustificazione che "spigolature" non avrebbe data la sfumatura di casualità che le accompagna, mentre i "quantulacumque" suggeriscono un senso, un'organizzazione, una direzione e un proposito ai dati racimolati in campi disparati.

Il senso che questa ricerca vorrebbe perseguire dovrebbe essere abbastanza chiaro al lettore, e quindi non mi attardo ad esporlo. Dico soltanto che queste brevi cose sono organizzate in modo da indicare piste di ricerca che presumibilmente potrebbero arricchire l'inventario e modificare un po' l'idea che Lucrezio abbia avuto una circolazione limitata agli ambienti della cultura "accademica", e solo dopo il lancio del pensiero atomista di Gassendi la fortuna del *De rerum natura* si sarebbe allargata anche ai lettori operanti fuori di quei circoli.

In questa versione rinnovata, l'apporto di dati appare quadruplicato. Si è aggiunta una nuova sezione sull'amore, un'altra sulla mitografia, si è allargata notevolmente la sezione sulla poetica, sono stati aggiunti molti dati in altre sezioni, e si è pensato di inserire un intero capitolo dedicato alla fortuna dell'inno a Venere. L'espansione dei materiali ha richiesto nuove ricerche e ha ampliato i dati bibliografici che nella versione precedente erano molto più ridotti, e talvolta perfino lacunosi anche in rapporto al

---

[1] La versione precedente è apparsa come *Quantulacumque lucretiana: nuove piste di ricerca per la fortuna di Lucrezio nel tardo Rinascimento*, in «Philosophical Readings», 13 (2021), pp. 124-133, diretta da Marco Sgarbi, che qui ringrazio *toto corde* per aver concesso di usare il titolo e il materiale apparso nella sua rivista.

materiale presentato. La rielaborazione ha permesso di colmare alcune lacune, non tutte, ahimé, veniali.

I dati presentati sono quasi tutti segnalati qui per la prima volta, e quando non lo siano si indica sempre la fonte che ha guidato al rinvenimento. Il criterio per l'inclusione è che i testi riportati contengano il nome di Lucrezio: per questo non si troverà alcuna menzione di Campanella (per fare un esempio vistoso), su cui l'influenza di Lucrezio viene sospettata ma non è mai dichiarata.

Le citazioni sono generose sia nei riguardi degli autori che vengono citati con il contesto che essi stessi offrono, sia nei riguardi dei lettori, perché in molti casi questi vorrebbero capire meglio il senso della citazione. Normalmente viene rispettato il modo in cui il testo viene citato, ma talvolta è parso necessaria qualche leggero intervento che riguarda specialmente l'interpunzione, di solito eliminando virgole, che le scritture cinque-secentesche usavano in modo che a noi sembra aberrante; per lo stesso motivo si sono cambiati i due punti in un punto e virgola, le lettere maiuscole sono diventate minuscole…, insomma, abbiamo fatto quello che di solito si fa quando si edita un testo antico per renderlo più scorrevole. Le citazioni del testo lucreziano vengono riprodotte nella forma presentata dagli autori anche quando contengono delle varianti rispetto al testo che noi leggiamo nelle edizioni critiche, ma si interviene quando sono evidenti chiari errori di stampa. Per ogni citazione si dà tra parentesi il rimando al testo lucreziano (ed. Joseph Martin, Wiesbaden, Teubner, 1992) di cui gli autori si limitano, e non sempre, ad indicare soltanto il libro del *De rerum natura*. Non abbiamo tradotto i testi perché supponiamo che i lettori curiosi di materie lucreziane li leggano direttamente nella lingua originale, anche se questa è notoriamente ardua in molti punti, specialmente per il linguaggio scientifico. Inoltre, tradurre i passi citati comporterebbe l'obbligo di fare lo stesso con i testi in latino che li riportano, come Nifo, Conti e numerosi altri. È superfluo ricordare che esistono varie traduzioni moderne, sia in italiano che in francese e in inglese, e alcune di queste sono accessibili perfino in rete.

Data la natura della ricerca, non non si offrono dati bibliografici o indicazioni storiche e letterarie sugli autori citati (quanti rimandi non dovremmo includere per autori come Torquato Tasso o Giordano Bruno?), a meno che non siano indispensabili per capire il contesto delle loro affermazioni. Quanto alle edizioni dei testi dai quali si riprendono le testimonianze, abbiamo preferito consultare, quando è stato possibile, quelle antiche e quanto più vicine alla data di pubblicazione originaria: ad esempio, del *Libro de natura de amore* di Mario Equicola esistono ormai alcune edizioni moderne, ma sono o parziali o comunque presentano interventi editoriali, utilissimi per altri propositi, ma non per i nostri, limitati, come sono, al semplice prelievo dei passi lucreziani.

Questo opuscolo è dedicato all'amico Paolo Procaccioli che ha deciso di andare in pensione entro l'anno. L'università perde un maestro, ma i nostri studi continueranno ad arricchirsi dei suoi contributi che certamente saranno ancora più frequenti grazie all'alleggerimento degli impegni burocratici che l'insegnamento comporta. Il nostro omaggio è un modo di partecipare alle festività dell'occasione e di augurare all'amico un lungo periodo di lavoro sereno.

Chicago, febbraio 2022

VARIA FORTUNA DELL'OPERA LUCREZIANA

Una vecchia tesi voleva che la grande fortuna di Lucrezio in Italia fosse partita da Napoli e in un particolare momento della sua cultura, quando, verso la metà del Seicento, l'opera di Gassendi dischiuse il potenziale filosofico dell'atomismo nonostante le sue tesi sulla mortalità dell'anima, sulla natura della materia e anche sul cosmo, praticamente in tutti i campi in cui dominava la tradizione aristotelica e scolastica. A partire da quel momento la conoscenza più o meno generica e cauta del *De rerum natura* sarebbe diventata una presenza viva che offriva stimoli e soluzioni e proposte alternative ai sistemi filosofici vigenti. Fu come una rivelazione che, in quanto tale, avvenne in modo inaspettato, secondo quanto ci dicono due testimonianze autorevoli. La prima è di Vico, nella sua *Vita*:

Or, per sapere ordinatamente i progressi del Vico nelle filosofie, fa qui bisogno ritornare alquanto indietro: che, nel tempo nel quale egli partì da Napoli, si era cominciata a coltivare la filosofia d'Epicuro sopra Pier Gassendi, e due anni dopo ebbe novella che la gioventù a tutta voga si era data a celebrarla; onde in lui si destò voglia d'intenderla sopra Lucrezio[2].

La seconda è di Pietro Giannone:

Aveano in Francia le *Opere* di Pietro Gassendio acquistata grandissima fama, così per la sua molta erudizione, ed eloquenza, come per aver fatta risorgere la Filosofia d'Epicuro, la quale al paragone di quella d'Aristotele, e spezialmente di quella insegnata nelle Scuole, era riputata la più soda, e la più vera. Si procurò farle venire in Napoli, e quando furono lette, fu incredibile l'amor de' giovani verso questo Scrittore, presi non men dalla sua dottrina, che dalla grande, e varia letteratura; onde in breve tempo si fecero tutti Gassendisti; e questa filosofia era da' nuovi filosofanti professata; ed ancorchè Gassendo vestisse la filosofia d'Epicuro con abiti conformi alla religion cattolica, che professava, nulladimeno, poiché il maggior sostenitore di quella era Tito Lucrezio Caro, si diede con ciò occasione a molti di studiar questo Poeta infin a que' tempi incognito, e sol a pochi noto[3].

Il nostro interesse non entra nel merito dell'episodio culturale appena ricordato, e si limita a registrarlo solo per constatare e per contestare, almeno in parte, la convinzione che, anteriormente alla "scoperta" gassendiana, Lucrezio fosse semplicemente un autore da cui si potevano estrarre frasi e immagini mirabili. Tale opinione dipende in gran parte dai campi in cui è stata rilevata la presenza lucreziana, e sono prevalentemente testi di poesia e meno spesso di morale; ma, spostando la ricerca su campi scientifici, quali la meteorologia e il magnetismo, l'impressione di un Lucrezio

---

[2] Giovan Battista Vico, *Autobiografia*, in *Opere*, a cura di Fausto Nicolini, Milano-Napoli, Ricciardi,, 1952, p. 19.
[3] Pietro Giannone, "*Istoria Civile del Regno di Napoli*, in *Opere*, Napoli, Palmyra, 1763, t. IV, pp. 120-121. Entrambe le testimonianze qui ricordate sono ricavate dallo studio di Pierre Girard, *La tradizione epicurea e lucreziana nella filosofia di Giambattista Vico*, in «Quaderni Materialisti», vol. 5, febbraio 2006, pp. 161-182.

semplice forgiatore di massime e di splendide metafore ne esce alquanto alterata. Il lavoro che presentiamo aspira semplicemente ad integrare le ricerche già fatte e a mettere in luce alcune piste dirette verso campi di ricerca dove Lucrezio è citato come *auctoritas* e viene perfino discusso. A tal fine abbiamo raccolto una serie di *quantulacumque*, limitando l'inchiesta quasi esclusivamente all'area italiana. Ma per contestualizzarla, premettiamo qualche dato sullo stato attuale della ricerca.

1. Fortuna rinascimentale di Lucrezio

Tre libri recenti e tutti stranieri hanno ricostruito da angolature diverse la *Rezeption* di Lucrezio nel Rinascimento. Il primo è di Susanna Longo Gambino[4], il secondo è di Alison Brown[5] e il terzo è di Ada Palmer[6]. A questi bisogna aggiungere un contributo italiano, cioè il libro di Valentina Prosperi[7]. Infine *vient de paraître* il volume miscellaneo curato primariamente da Philip Hardie[8]. Sono lavori eccellenti, e proprio per questo hanno i loro limiti dal momento che si concentrano su un argomento per poterlo svolgere al meglio. Il libro della Gambino Longo si attiene agli aspetti morali, ma si apre anche a quelli scientifici per mostrare come la fisica epicureo-lucreziana sia entrata in circolazione attraverso i poemi scientifici che imitavano Lucrezio e quindi senza avere quella autorevolezza che in tal campo spetta ai trattati. Alison Brown limita la sua ricerca alla Firenze Medicea; e se questo *focus* ha il vantaggio di mostrare le diverse reazioni di un ambiente culturale e civico-politico come quello fiorentino davanti all'affascinante e problematico *De rerum natura* (d'ora in poi *DRN*), il taglio localistico lo sottrae ad un termine di paragone che consentirebbe di apprezzare meglio il valore di questa ricerca. Il libro di Ada Palmer affronta il tema da una prospettiva assolutamente nuova, cercando apprezzamenti dell'opera lucreziana nelle glosse marginali lasciate dai suoi lettori, e non solo italiani. Tale metodo rivela la reazione intima di molti lettori che ammiravano il poeta, ma spesso rimanevano perplessi davanti al suo messaggio; però, per quanto riguarda la fortuna del *DRN*, queste reazioni rimangono relegate ai *marginalia* e risultano in gran parte inerti poiché non suscitano alcun dialogo culturale. Il libro di Valentina Prosperi è tematico, concentra le sue indagini sulla cultura in volgare, privilegia alcuni temi (l'amore, la poesia) su altri che magari sfiora, e ricostruisce anche una parabola di progressivo silenzio sul *DRN* imposto dalla Controriforma. Nel complesso sono libri che bisogna consultare spesso e che danno una buona idea della fortuna di Lucrezio nella fase che precede la "scoperta" di un poema che non solo era "pagano", ma era radicalmente opposto ad ogni concetto di religione. Sono anche libri che, come dicevamo, perseguono temi specifici e lasciano in penombra, quando non addirittura nel buio più completo, altre zone in cui Lucrezio fu presente a volte con cenni fugaci e a volte con testimonianze più impegnate. Rientra in questa categoria la raccolta di studi curata da Marco Beretta

---

[4] Susanna Gambino Longo, *Savoir de la nature et poésie des choses. Lucrèce et Epicure à la Renaissance italienne*, Paris, Champion, 2004.
[5] Alison Brown, *The Return of Lucretius to Renaissance Florence*, Cambridge Mass, Harvard University Press, 2010.
[6] Ada Palmer, *Reading Lucretius in the Renaissance*, Cambridge Mass, Harvard University Press, 2014. Ricordiamo solo questi libri, ma vari altri sono apparsi in questi anni di straordinario interesse per l'opera lucreziana, ad esempio, Frank Lestringant (a cura di), *La Renaissance de Lucrèce*, Paris, PUF, 2010.
[7] Valentina Prosperi, *"Di soavi licor gli orli del vaso": la fortuna di Lucrezio dall'Umanesimo alla Controriforma*, Torino, N. Aragno, 2004. Altri contributi della stessa autrice verranno citati al luogo opportuno.
[8] Philip R. Hardie, Valentina Prosperi, Diego Zucca (a cura di), *Lucretius Poet and Philosopher*, Berlin – Boston, De Gruyter, 2020.

e Francesco Citti[9] dedicati all'indagine del pensiero scientifico di Lucrezio nel contesto del mondo antico, e tuttavia contiene anche un saggio di Michele Camerota sulla ricezione del *DRN* fra gli scienziati italiani, e quindi con dati utilissimi per la nostra ricerca. In ogni modo, non può non stupire tanto interesse per il *Nachleben* di Lucrezio, e viene da pensare che il ritorno alla sua opera sia addirittura un fenomeno culturale che scende anche a livelli popolari, come dimostra il successo del *The Swerve: How the World Became Modern* (2011) di Stephen Greenblatt. Se la tesi contenuta in questo libro è vera, avremmo un rovesciamento di posizioni secolari: Lucrezio rappresenterebbe un punto di svolta, e il suo spirito eversore diventerebbe l'anima di una rinascita epocale![10]

In tanto fervore di ricerche, è difficile ritagliarsi uno spazio di lavoro che non sia già invaso da altri studiosi. Ci siamo resi conto a metà viaggio di aver percorso la pista già tracciata da Valentina Prosperi, e non abbiamo desistito dal procedere perché ci è sembrato di poterla prolungare cronologicamente ed allargarla includendo altri temi non toccati negli studi ricordati. Il nostro lavoro non ha alcuna tesi forte da dimostrare se non quella stessa che si ricava dalla ramificazione della ricerca compiuta, ossia la varietà degli interessi di Lucrezio che incuriosì studiosi di campi disparatissimi. Semmai più che di tesi si potrebbe parlare di una linea che emerge dai dati raccolti, e sarebbe la seguente: il fascino per la poesia di Lucrezio e allo stesso tempo il rifiuto, voluto o imposto, dell'atomismo portò a diffrangere il *DRN* in tanti rivoletti di interessi diversi, e il "casus Galilei" accentuò ulteriormente il modo di leggere l'opera parcellizzandola. Questo tipo di lettura preparò la sintesi in cui Vico fece confluire nella *Scienza nuova* i potenti quadri lucreziani della psicologia dei "primitivi". Egli seppe ricavare dal *DRN* materiali che interpretò in maniera veramente singolare, e in questo modo poté dare un contributo autentico e geniale agli studi lucreziani. Se questa nostra linea di ricerca produca poi una "tesi" non è un risultato che dispiaccia, ma è del tutto preterintenzionale: la ricerca iniziale mirava a raccogliere dati comprovanti il fatto che la scoperta di un certo Lucrezio sia anteriore all'acclamazione napoletana della metà del Seicento.

Premettiamo uno schematico abbozzo di questa fortuna[11]. Essa comincia con la scoperta del *DRN* fatta da Poggio Bracciolini nel 1417 nel monastero di Fulda, o molto

---

[9] *Lucrezio - La natura e la scienza*, a cura di Marco Beretta e Francesco Citti, Firenze, Olschki, 2008.
[10] E quando si parla di "rivoluzioni" non è facile prevedere che esito avranno. A leggere il libro di Gerard Passannante, *The Lucretian Renaissance. Philology and the Afterlife of Tradition*, Chicago, University of Chicago Press, 2011, l'atomismo epicureo e lucreziano era presente già in Petrarca nel modo di intendere le lettere dell'alfabeto! Insomma, Lucrezio rivive nella "filologia materiale" degli umanisti.
[11] I libri appena ricordati offrono abbondanti indicazioni bibliografiche sulla fortuna di Lucrezio. Qui ci limitiamo a segnalare quelle che ci sembrano fondamentali. Per i primi commenti si veda Wolfgang B. Fleischmann, *Lucretius*, in Paul Oskar Kristeller-Ferdinand Edward Cranz, *Catalogus translationum et commentariorum. Mediaeval and Renaissance Latin Translations and Commentaries*, II, Washington, Catholic University Press, 1971, 349-65; Marco

più probabilmente in quello di Murbach. In Italia l'opera fu pubblicata nel 1473 e quindi nel 1504, poi nel 1512, nel 1515 e 1517. Leon Battista Alberti certamente conobbe l'opera lucreziana[12], e particolarmente ammirati ne furono i poeti e gli umanisti della corte aragonese di Napoli. Ma la natura "empia" dell'opera ne limitò l'apprezzamento e la diffusione. Marsilio Ficino ne apprestò un commento che in seguito bruciò[13] perché trovava l'opera contraria alla fede cristiana. Per la stessa ragione il Concilium Florentinum nel 1517 la bandì dalle scuole, e chi trasgrediva tale editto veniva multato e gli era interdetta la gloria eterna. Autori che lo echeggiarono, come Aonio Paleario nel suo *De animarum inmortalitate* (1536) e Marcello Palingenio con il suo *Zodiacus vitae* (1535-1536), finirono al rogo. Tuttavia, quest'opera "non cristiana" era pur sempre un "classico", ed era un documento di lingua che non poteva essere ignorato. Ma anche sotto questo riguardo si presentava con alcune peculiarità poiché la sua lingua era sollecita di neologismi o di termini tecnici che creavano difficoltà di comprensione anche per gli umanisti più provetti. Tali aspetti, in parte contraddittori e in parte complementari, determinarono la fortuna del *DRN* nel Quattro e nel Cinquecento. Che dovesse apparire un'opera di grande valore lo dimostra il fatto che Machiavelli la copiò di suo pugno, probabilmente affascinato dalla sua opposizione alla religione, all'idea della Provvidenza o di un qualsiasi intervento divino sui fatti naturali e sulla storia. Ma proprio questi pregi apparivano negativi ad altri lettori tanto da sconsigliarne l'uso per l'insegnamento. L'idea che Lucrezio fosse un autore pericoloso era diffusa anche dove la cultura umanistica non riscuoteva consensi, come dimostra Ortensio Lando, un "ribelle" della cultura cinquecentesca. Questi ne *La sferza de' scrittori antichi e moderni* (1550) scriveva: «Lucrezio è empio, duro, poco polito, seguace di Epicuro, e a' cristiani lettori molto dannoso»[14]. L'ambiguità tra diffidenza e ammirazione fece sì che l'opera non venisse mai inclusa nell'*Index librorum*

Berretta nell'introduzione al *De Rerum Natura, editio princeps (1472-73)*, Bologna, Bononia University Press, 2016. Per la bibliografia generale, Cosmo A. Gordon, *A Bibliography of Lucretius*, Winchester, St. Paul's Bibliographies, 1985. Per un *survey* generale, Remy Poignault (a cura di), *Présence de Lucrèce. Actes du colloque tenu à Tours (3-5 décembre 1998)*, Tours, Centre de recherches A. Piganiot, 1999.
[12] Cfr. Silvia Gambino Longo, *Alberti lettore di Lucrezio. Motivi lucreziani nel «Theogenius»*, «Albertiana», 4 (2001), pp. 69-84.
[13] Cfr. Gerard Passannante, *Burning Lucretius: On Ficino's Lost Commentary*, in «Studies in Philology», 115 (2018), pp. 267-285.
[14] Ortensio Lando, *La sferza de' scrittori antichi e moderni*, ed. Paolo Procaccioli, Roma, Vignola, 1995, p. 50. È vero, però, che il giudizio di Lando potrebbe essere ironico, e forse proprio per questo confermerebbe che l'opinione diffusa fosse quella di un Lucrezio ateo e quindi "anti-cristiano". Paolo Procaccioli mi comunica questa testimonianza di un censore genovese e futuro Papa Pio V: «[...] di prohibire orlando orlandino cento novelle et simili altri libri piu presto daressemo da ridere ch'altrimente perche simili libri non si leggono come cose a qual si habbi da credere, ma come fabule, et come si legono ancora molti libri de gentili come Luciano Lucretio et altri simili non dimeno se ne parlà [sic] ne la congregatione de Theologi et poi a S. S.ta et alli R.mi. pregate il S.re che mi ispiri a fare quanto sii spediente et alle sue oratione mi racommando. di Roma li XXVII di Giugno M.D.LIII.» Il documento manoscritto è depositato a Genova, Biblioteca Universitaria, E VII 15, c. 76v; ed è segnalato da Ugo Rozzo, in *La letteratura italiana negli 'indici' del cinquecento*, Udine, Forum, 2005, p. 34. La natura privata della testimonianza documenta quanto fosse diffusa la riluttanza a far circolare liberamente l'opera lucreziana.

prohibitorum fino a quando, tradotta in lingua volgare da Alessandro Marchetti[15] nel Seicento ma pubblicata postuma nel 1737, e quindi accessibile ad un pubblico più vasto, fu ritenuta pericolosa; tra l'altro l'*Anti-Lucrece* — il poema postumo e originariamente in versi latini del cardinale Melchor de Polignac (1745) — confermava l'urgenza di prendere di petto l'atomismo di Gassendi e dei suoi numerosi seguaci. In generale si può dire che il *DRN* creò un disagio diffuso, tanto che Girolamo Fracchetta sentì il bisogno di comporre una *Breve spositione di tutta l'opera di Lucretio* (Venezia, Paganini, 1589) con l'intento di dimostrare che il *DRN* avesse parti compatibili con l'insegnamento aristotelico e cristiano. Il fatto che in Italia il testo non fu mai più stampato dopo le edizioni ricordate, vorrà pur dire qualcosa. Fuori dell'Italia, l'edizione commentata di Denys Lambin (Parigi, 1564) suscitò molta attenzione e l'atomismo lucreziano destò un certo interesse soprattutto fra i pensatori di formazione scettica come Montaigne. L'impressione generale è che l'Italia scoprì e lesse il *DRN*, ma privilegiò l'aspetto poetico, tacque su quello religioso e solo lentamente tenne conto delle osservazioni naturalistiche che contiene. Si cita a riprova la presenza di alcune immagini lucreziane nella letteratura del tempo. Celeberrima fra queste è la similitudine della medicina amara che viene propinata ai fanciulli con il miele, similitudine ripresa e diffusa da Tasso in un'ottava (*Gerusalemme liberata*, I, 3) tradotta quasi alla lettera dal *DRN* 1: 935-942. La sua fortuna sarà dovuta soprattutto al fatto che si attagli con grande congruità alla poesia morale, e in effetti fu ripetuta con frequenza anche nei trattati di poetica e perfino nella letteratura medica del periodo[16]. Di per sé dice poco sulla fortuna dell'opera di Lucrezio, tanto che spesso la si ripete senza indicarne la fonte. Semmai avrebbero un peso maggiore i passi lucreziani raccolti in alcuni florilegi[17] e citati in opere varie; ma sono pur sempre sentenze e metafore e paragoni preziosi che, essendo numerosi, creano l'impressione che l'intera opera lucreziana rimanesse ridotta soltanto a queste immagini. Lo conferma una concisa testimonianza del primo Seicento, mai fino ad ora rilevata. Si deve al benedettino Costantino de' Notari:

Delle tare che si danno a Lucretio quella della difficoltà è facilissima ad ischernire, conciosiacosa che e la penuria nella quale in quei tempi la lingua latina si ritrovava e la novità della materia, ch'egli intraprese a trattare lo sospinsero a così fatto mancamento. Oltre che ci giova il credere che s'egli non fusse stato di immatura morte prevenuto, havrebbe in gran parte migliorato, e ripoliti i suoi versi, e con tutto ciò piacquero in maniera a Virgilio, ch'egli n'involò parecchi, e gli trasferì di peso nella sua Eneide, il che altresì fece il Venusino, e de gli istessi disse Ovidio *Carmina sublimis tunc sunt peritura Lucreti / Exitio Terras cum dabit una dies*. Ma per quanto ad alcune cose di men buona filosofia

---

[15] Di questa traduzione piuttosto libera del matematico pisano trattiamo nel capitoletto apposito inserito nella seconda parte di questo nostro opuscolo.
[16] Si veda Valentina Prosperi, *Di soavi licor*, cit., pp. 3-95.
[17] Su questi florilegi si veda Ángel Jacinto Traver, *La importancia de las polianteas para la recepción de Lucrecio en España durante los siglos XVI y XVII*, «Philologica Canariensia», 20 (2014), pp. 135-152. Vedremo presto il ruolo di queste "polyantheae" o raccolte di massime.

s'appartiene, delle quali volse egli essere acerrimo defensore, et alla miscredenza a cui sì ostinatamente si diede in preda, non possiamo se non con ragione riprenderlo e condannarlo, e ci dovrebbe rincrescere con tutto il cuore ch'un tanto huomo che non fusse stato e nella dottrina più sodo, e nella religione più pio, che s'havendosi proposto un così infelice argomento, riuscì nondimeno in tanti luoghi eminentissimo, et ove per gratia d'essempio tratta de' principij delle cose, del nascere, e tramontare delle stelle, degli ecclissi dell'uno e l'altro luminare, della natura de' fiumi, dell'arco celeste, et altre meteorologiche impressioni, si fa scorgere arguto, sottile, terso, e facilissimo, se ne' proemij de' libri, e ne gli essempi, et in non poche similitudini, e nelle digressioni, come nel disprezzo della morte, del non darsi in preda a i libidinosi piaceri, delle cause de' sonni, de gli insonni, e de' morbi, egli è copioso, ampio, chiaro et ornato, Dio immortale, quanto gran frutto, quanta infinita utilità havressimo da lui sottratta, se si fusse appigliata a più grave, e più probabile disciplina? In quanta ammirazione di se stesso havrebbe eccitati gli homini, quanti infiniti seguaci havrebbe egli ritrovati, s'in vece di i delirij dell'Epicuro, havesse voluto svelarci la grandezza e la maestà dell'accademiche contemplationi, se si fusse mostrato parteggiano de gli aristotelici dogmi, o pur entrato nel portico de' più rigidi filosofanti, ci havesse insegnati e pensieri, e costumi di maggior severità?[18]

Notari era un dogmatico, ma non lo era in modo ottuso, e quanto dice su ciò che lui salverebbe in Lucrezio — vari temi di tipo naturalistico e meteorologico — risulterà piuttosto oculato. In ogni modo, il suo giudizio, nonostante l'ovvia ammirazione per l'ingegno e le qualità poetiche di Lucrezio, ribadisce l'impressione generale dei suoi contemporanei, e cioè che Lucrezio fosse autore "pericoloso", ma ricco di stupendi frammenti poetici.

Valentina Prosperi ha fornito molte testimonianze che modificano il quadro di un successo piuttosto magro, almeno quanto al volume. La nostra ricerca modificherà ulteriormente quella impressione e mostrerà che Lucrezio fu apprezzato come "scienziato" ancor prima della "scoperta" indicata da Vico e da Giannone. Lo ritroveremo come autore frequentato da lettori che badavano al contenuto del *DRN* più che ai suoi fiori poetici. Cercheremo queste tracce nei trattati sulla meteorologia, sul magnete, sui sogni e vari altri; ma non dimenticheremo il mondo delle "poetiche", che a quei tempi cominciavano a proporsi come "trattati scientifici" sulla letteratura. Non troveremmo visioni d'insieme sul "pensiero" o sul sistema filosofico di Lucrezio: non la troviamo neanche dove penseremmo, come nelle opere di Telesio e di Campanella, e neppure nel *Giardino di Epicuro* di Ottavio Scarlattini[19]. Tuttavia i nostri scandagli non solo amplieranno il regesto delle testimonianze relative a Lucrezio, ma indicheranno delle aree di ricerca fino ad ora inesplorate. Ovviamente, date le premesse

---

[18] Costantino de' Notari, *Del duello dell'ignoranza e della scienza, Parte seconda. Dogmatica*, Milano, Bordoni-Locarni-Lantoni, 1608, Libro quarto, cap. II, pp. 499-500. Una spigolatura del *Duello* produrrebbe molte menzioni del *DRN* relative a diversi argomenti, quali il fenomeno dei venti (t. I, p. 43), del suono (I, p. 306), e di vari altri temi lucreziani, incluso quello del bicchiere con l'orlo cosparso di miele (II, 390). Su Notari si veda il mio *Costantino de' Notari e la sua replica all'*Examen *di Gianfrancesco Pico della Mirandola*, in «Bruniana & Campanelliana», 26 (2020), pp. 31-45.
[19] Ottavio Scarlattini, *Dell'Epicuro contro gli epicurei*, Bologna, Monti, 1679: «Vi si annovera il famoso Lucretio, che Penna d'Oro nelle dovitie della Natura, Madre feconda, dettò caratteri degni di sopravvivere nei secoli» (p. 803).

e la motivazione della ricerca, limitiamo l'inchiesta solo all'area italiana e agli anni anteriori 1650, l'anno della "scoperta". In qualche occasione, però, sconfineremo discretamente e ogni volta se ne darà la ragione. I testi che emergeranno da questa ricerca sono quasi tutti riesumati per la prima volta in un nuovo contesto. Premettiamo, inoltre, che la ricerca s'allarga fino ad incorporare la cultura in volgare, diversa da quella prettamente umanistica e non solo per il mezzo linguistico. Negli ambienti non più chiusi dell'accademia, i discorsi sui fulmini, sui terremoti, sui sogni, sugli inventori e simili, suscitavano maggior interesse delle teorie del *clinamen* degli atomi o della natura della materia, e quando a Napoli si "scoprirà" Lucrezio, si vedrà che in gran parte la scoperta era iniziata vari decenni prima e non sempre in circoli accademici. Il *DRN*, insomma, era un'opera molto più letta di quanto non si pensasse. E il fatto che l'interesse muova da parti tanto diverse fra loro, dalla medicina alla meteorologia all'ottica e alla poesia, si spiega in buona parte con la natura "didattica" del poema, qualità acutamente notata da un umanista che scriveva in volgare.

Questi era Alessandro Piccolomini, il quale già nel bel mezzo del Cinquecento notò:

Democrito non solamente nel tempo poi stimato filosofo eminentissimo, e nelle sue sententie da molti huomini dottissimi seguito, sì come è Leucippo, e da altri: ma se i tempi che segui- rono poi fu reputato assai, e tenuta in grandissima la setta sua e seguita da huomini eccellentissimi, come Eustachio filosofo d'acutissimo intelletto, e doppo lui tra i latini Lucretio, i cui libri non leggo mai che della lor dottrina, e dolcezza, e elegantia non stupisca di maraviglia[20].

E a conferma delle conoscenze scientifiche nel *DRN*, si legga questo altro passo:

E conseguentemente quella parte di circumferentia de la terra che viene a mostrare di coprirci una sì piccola cosa, come ci appare il sole, apparendoci egli appena di larghezza di due piedi (come dice Lucrezio) in apparentia di linea retta, e non di circolare ci si dimostra, come ben'apertamente demostrar possono li perspettivi[21].

Ma un passo non meno interessante è il seguente:

La qual cosa applicando a proposito nostro dico che nata che fu da prima l'arte del fabro, roza, e semplice com'è da credere, non da altra occasione se non c'havesse l'huomo osservato che il ferro per il fuoco si fa maneggiabile, e per le percosse mentre che gli è infocato diventa trattabile in più figure, come ben dimostra Lucrezio nel quinto libro; nata dico che il tal guisa fu quell'arte, cominciarono i primi fabri ad infocare il ferro, non havendo martello, la battevano con qualche cosa dura et pesante[22].

---

[20] Alessandro Piccolomini, *La seconda parte della filosofia naturale*, Venezia, Giorgio de' Cavalli, 1565, cap. VI: "Che infiniti corpi distinti e separati tra di loro per natura insiememente non possan trovarsi", p. 123, e qui vd. anche III, 10, p. 326.
[21] Ivi, Libro terzo, cap. 10, "Che la terra secondo sé, sia ridotta a rotondezza", p. 326.
[22] Alessandro Piccolomini, *Instrumento della filosofia*, Venezia, Giorgio de' Cavalli, 1565, "Proemio", c. 13v.

È un passo interessante perché il contesto in cui si trova descrive l'evoluzione del pensiero dell'uomo primitivo che provando e osservando arriva con il tempo a costruire sistemi di ragionamento. Il tema tornerà in Vico, nonché in Hobbes e in vari altri pensatori moderni che si allontanavano dalla nozione dell'età dell'oro per capire l'evoluzione dell'uomo dallo stato dei "bestioni" a quello dell'uomo cittadino e filosofo. Lucrezio aveva trattato il tema a chiusura del quinto libro [5: 1091-1457]; Piccolomini lo echeggia con grande anticipo rispetto ai pensatori ricordati, e lo fa in un'opera che studia come arrivi a formarsi lo "strumento della filosofia", secondo quanto indica il titolo dell'opera. Nel prologo Piccolomini riprende vari punti lucreziani per arrivare a concentrarsi sull'evento esplicitamente ricordato, cioè sulla scoperta del fuoco e del modo di utilizzarlo nella lavorazione del ferro [5: 1281-1293]. Quest'ultima considerazione ci suggerisce di cercare impronte di Lucrezio nella letteratura eurematica o degli "inventori". E in effetti sembra confermarcelo il classico in materia, ossia il *De rerum inventoribus* (1499) di Polidoro Virgilio, su cui torneremo.

L'immagine di un Lucrezio curioso del mondo e conoscitore dei sui segreti emerge vari decenni più tardi nel ritratto che ne fece Marino nella sua *Galleria*:

Gli effetti di Natura
e i secreti del ciel seppi e cantai,
e la mia penna oscura
con la luce del nome immortalai.
Ma la vita futura
incredulo filosofo negai.
Tutto intesi e spiai,
ma più secernendo assai lunge che presso
tutto conobbi alfin, fuor che me stesso[23],

dove vengono sintetizzate le linee su cui procedeva la fortuna di Lucrezio: poeta della scienza e non del cuore, poeta "empio" e di lingua oscura, ma potente rivelatore dei segreti della natura. Marino, però, da questo naturalista che scrive in versi aveva ripreso nell'*Adone* [VII, ottave 76- 80] il celebre inno a Venere "Aeneadum genitrix, hominum divumque voluptas" con cui esordisce il *DRN*.

---

[23] Giambattista Marino, *La Galleria*, a c. di Marzio Pieri, Padova, Liviana, 1979, vol. I, p. 165. E Marino cita per esteso il *DRN* nelle *Dicerie sacre* (ed. a c. di Erminia Ardissino, Roma, Edizioni di Storia e Letteratura, 2014, p. 276 e sg.): «[…] la medesima voce quivi tratta, all'orecchio del parlante sempre con più alto tuono ritornava ben sette volte, Quinci disse Lucrezio: "sex autem septem loca vidi reddere voces / unam cum taceres: ita colles collibus ipsis / verba repulsantes iterabant dicta referre"» [4: 577-579].

2. Natura dell'amore

Nella nostra rassegna raggrupperemo sotto i rispettivi lemmi le testimonianze della *Rezeption* di Lucrezio. Al primo posto collochiamo il tema dell'amore, un argomento del tutto dimenticato dagli studiosi con la sola eccezione di Valentina Prosperi.

La letteratura sul fenomeno dell'amore promette di offrire molti materiali perché gioca un ruolo di primo piano nella cultura italiana. Quando l'opera di Lucrezio riapparve all'orizzonte, il tema dell'amore in Italia aveva ormai una stagionatura secolare. Per rinfrescare qualche idea, ricordiamo che l'amore fu il tema per eccellenza della poesia trovadorica. Il successo immediato e diffuso dell'argomento e la chiave della sua secolare longevità si spiega con il fatto che i trovatori legarono il tema dell'*eros* a quello dell'*ethos*, e non per stabilire un'opposizione quanto invece per creare una collaborazione tra una passione e le responsabilità etiche che questa comporta. I trovatori – e si parla per linee generali – "purificarono" la loro passione erotica concependola come irrealizzabile e tuttavia da perseguire perché la realizzazione del possesso sarà possibile solo quando l'amante raggiungerà il livello di perfezione morale dell'amata. In questa tensione si realizza il "miglioramento" (*s'ameliorar* o *s'enantir*, nel linguaggio dei trovatori) morale costante. Tale finzione conferì al desidero sessuale una valenza positiva assolutamente nuova diventando una causa di raffinamento morale. Così formulato e cantato, l'amore diventò un tema che era ignoto agli antichi, e che creò la "cortesia" ed era un modo di trasformare la natura in cultura, con un suo rituale e un suo linguaggio[24]. Sono troppo noti i fatti che riguardano la versione italiana di quest'amore cortese, cominciando dalle rielaborazioni della scuola siciliana, e quindi dello stilnovo, che volle dare una spiegazione "filosofica" dell'amore, con risultati a volte tragici (Guittone e Cavalcanti) e a volte edificanti e salvifici (Guinizzelli e Dante). In direzione diversa si mosse Petrarca, il quale interiorizzò il rapporto *eros/ethos*, e scoprì non tanto la soluzione del rituale cortese quanto la dimensione dell'interiorità. Egli scoprì la coscienza grazie al tormento amoroso, e trovò anche il linguaggio che funse da modello per secoli. Alla fine del Quattrocento si ripropone una giustificazione filosofica dell'amore ritenendolo un fattore della perfettibilità umana realizzabile nell'incontro con il Bello divino. L'orchestratore di questo cambio epocale fu Marsilio Ficino, che, come come abbiamo ricordato, bruciò il proprio commento a Lucrezio. Il *Symposium* o il *De amore* di Ficino orientò la cultura italiana verso il Bello spirituale, e non si esagera dicendo che la cultura rinascimentale ruotò attorno a questa concezione che fu poi sostenuta da opere come gli *Asolani* di Bembo e il *Cortegiano* di Castiglione, opera, quest'ultima che ha

---

[24] Su questo tema mi permetto di rimandare al mio *Andreas and Courtly Love*, Toronto, University of Toronto Press, 1994.

creato una immagine ideale del Rinascimento attraverso la quale ancora oggi vediamo quel mondo. Per questo, dunque, il tema dell'amore merita un rilievo di primo piano. E a prima vista si direbbe che il modo idealizzante ficiniano dovrebbe essere tutto l'opposto di quello "materialista" lucreziano. E in effetti fu proprio così, ma non senza qualche eccezione che a lungo andare prevalse.

L'eccezione fu Mario Equicola, operante alla corte di Mantova[25], e fu decisamente un sostenitore delle tesi che restituivano alla nozione di "amore" tutto il senso fisico e sessuale che i ficiniani avevano voluto rimuovere per lasciare alla pura fisiologia animale la sessualità che rende possibile la riproduzione della specie. Il *De amore* apparve nel 1525.

Fin dalle prime pagine, Equicola caratterizza Lucrezio come primitivo nel senso della tradizione. Enumerando i poeti latini antichi dice: «in Latio, Ennio, Lucretio, et Catullo imperfecta et robustissima età pervenne in P. Virgilio Marone»[26]. Ricorda che Venere viene chiamata "voluptà": «Platone nel *Philebo* il nome di Venere non importar altro, che voluptà crede. Lucrezio genitrice di tutti gli animanti de uomini e dei voluptà la invoca»[27]. Ma lo cita come osservatore della dinamica dell'amore:

Lucretio la speranza de li amanti non poter estinguer l'ardore, dice, per esser da quello corpo donde li è venuta la fiamma, alche ripugna la natura per esser amor cosa de la quale quanto più havemo, tanto più il pecto arde di desiderio[28].

E con particolari figurativi nel trattare delle pene d'amore:

Lucretio affermando non essere altro inferno che questa nostra habitata terra, dice che Tytio, li amanti rappresenta: il quale (secondo le fabule cantano) per haver voluto far forza a Latona è ne l'inferno, et per pena continua un vulture gli mangia il fegato, como certa sede et loco d'amore, et subito che [è] consumpto, rinasce[29].

E Lucrezio suggerisce dei rimedi, anche se non sempre destinati al successo:

Se la voce è chiara et sonora, ogni rimedio di Lucretio è frustatorio: non valerà con altri spesso sfocare lo pecto de l'accesa libidine, benché ad Aristotele tal remedio opportuno paia[30].

Toccando le "cause de li insomnii de li amanti" cita Lucrezio:

---

[25] Su Mario Equicola la letteratura è ormai vasta; ma a richiamare l'attenzione sulla sua conoscenza di Lucrezio è stata Pina Totaro, *Una citazione dell'invocazione a Venere nel* De Rerum Natura *nel primo Cinquecento*, «Bruniana & Campanelliana», 5 (1999), pp. 527-532.
[26] Mario Equicola, *Libro de natura de amore*, Venezia, Lorio, 1525, c. 7r.
[27] Ivi, c. 61v.
[28] Ivi, lib. II, c. 81r.
[29] Ivi, lib. IV, c. 141r.
[30] Ivi, lib. IV, c. 152v.

Questa opinione de li Principi de li Peripatetici divinamente expresse Lucretio quando scrisse in quel studio che ciascun se retrova et in le cose in lequali semo longamente dimorati et dove la mente è stata intenta, queste medesme di par exercitare dormendo[31].

E continua dopo qualche esempio di sogni:

Il medesmo il sopradicto Lucretio vole alli giovenetti apparer simulacri nuntii et messi del bel volto et bel colore dell'amata, perché subito che alcuno è percosso da le arme di Venere, cerca congiongerse, et donde ha havuta la ferita, indi redurla in cicatrice[32].

Ricorda che «per bere veneno amatorio diventò fora di senno con dilucidi intervalli»[33]. E degne di attenzione gli sembrano le sue osservazioni:

Dice Lucretio che la donna con modi indulgenti et munditia del corpo et delicatura di quello facilmente fa che l'huomo se assuefaccia al viver volentieri con ella, et tal consuetudine fare amore: et così vencersi ogni cosa dura. Il che a mi né impossibile né menzogna pare[34].

Cercando una definizione di quel che può esser il piacere amoroso, ricorre ancora a Lucrezio, il quale identifica la voluttà con la pace: «Queste paiono universali descrizioni, o diffinitioni di questo nome volupta, da Lucrezio humana quiete chiamata»[35]. Parlando di Epicuro non può non ricordare il suo massimo seguace latino: «di questo philosopho Lucretio poeta scrisse, como lo sole offusca l'altre stelle, così Epicuro haver superato de ingegno tutti li mortali»[36]. E volgendo ormai alla fine dell'opera e ricordando il caso dell'amore di Antonio per Cleopatra, Equicola non esita ad invocare il magistero di Lucrezio:

Li amici di Cleopatra chiamavano M. Antonio superbo et ingrato, che parea che stimasse, che Cleopatra sprezzasse tanto regno per lui, lui seguitando, et per lo cui amor si strugea et cruciava. Tale adulatione è simile al mordere delle meretrici il qual parere dolore a che ne sente piacere et dolcezza. Exhorto che de avmor venale è acceso et di donna arde, che como mercanzia sta per pretio exposta, che se retire, per esser tal Venere abhorribile, spurca et fetida perché in triviali loco da molti si sputa lo adunato humore. Exhorto, dico, senza indugio usare il precetto del Philosophico poeta Lucretio, il quale ne admonisce che debiam fugire simulachri, imagine, et ogni altro alimento de amore devesi convertere la mente altrove, et haver ben cura, che mai con la memoria a lei non si torni: con altra donna satiar il fiero amore. Tenta il medesmo poeta persuaderne che non siamo sempre subditi ad amor d'una, né retenere certo pensiero, in certo dolore, percioché allhora la feruta vive, et havendo

---

[31] Ivi, lib. IV, c. 160r.
[32] Ivi, lib. IV, c. 160r-v.
[33] Ivi, lib. V, c. 176v.
[34] Ivi, lib. V, c. 179r.
[35] Ivi, lib. VI, c. 211.
[36] Ivi, lib. VI, c. 213r.

nutrimento se invecchia, donde il furore ogni dì cresce, el morbo magiormente se agrava, se non si dà remedio a tal piaghe con piaghe nuove[37].

Abbiamo citato tutti i richiami a Lucrezio seguendoli nell'ordine offerto dal libro di Equicola senza cercare di organizzarli in un discorso organico. Il numero delle citazioni è indubbiamente alto, considerando che nei primi anni '20 del Cinquecento Lucrezio era un autore poco frequentato. Il loro numero dimostra che, se Lucrezio non costituisce il fondamento delle teorie dell'amore di Equicola, sicuramente le rafforzano con l'ausilio di un'*auctoritas* che sorprende, dato l'argomento e il clima culturale in cui ciò avveniva. Lucrezio, l'autore dei sensi e della materia, acquistava una dimensione visibilissima nel mondo rarefatto dell'amore neoplatonizzante che dominava la scena.

Un autore che lo seguì in questa pista fu un suo conterraneo, Agostino Nifo, nato a Sessa Aurunca, quindi non molto lontano da Alvito, luogo di nascita di Equicola. Nifo era un aristotelico che proprio per questa formazione dissentiva radicalmente dalle tesi ficiniane, e scrisse vari libri sul tema dell'amore che rendono evidente la sua filiazione peripatetica. Egli procedeva "ragionando" sui temi che proponeva anziché citando con frequenza *auctoritates*, come invece fa Equicola, il quale era per formazione un maestro di retorica. Tuttavia in varie occasioni vediamo che Lucrezio è uno degli autori che irrobustisce anche le tesi nifiane. Nel *De pulchro et amore* Nifo dedica un capitolo ad esporre la teoria lucreziana dell'amore, seguito da un altro capitolo in cui la refuta e la interpreta. Sono capitoli alquanto brevi e li riproduciamo integralmente:

Opinio Lucretii de amore. Caput VI

Lucretius uero Epicureus ex parte amantis quidem amorem asserit desiderium esse quo amans se totum in amatam transferre desiderat, cum enim genitale semen a toto corpore defluat, solo huius tactu, uel tactu totum corpus tradere se posse confidit, ex parte uero amatae amorem esse autumat desiderium, quo amata totum amantem capere desiderat, quam definitionem Arthemisia Mausolei Regis Cariae uxor ostendit quae ut dicemus, supra affectionis humanae fidem uirum suum adamasse fertur, cuiusque defuncti corpus redegisse in puluerem, et aquae inditum ebibisse.

Refutatio, et opinionis interpretatio Caput VII

Sed pace tanti uiri dixerim, si amor est desiderium translationis amantis in amatam, uel haec translatio interdum futura est hoc pacto, ut amans ipse transferatur in amatam, ceu Medusa in saxum, aut per similitudinem, quatenus semen maris proiicitur in uterum in quo fieret generatio rei similis ipsi semen proiicienti. Primo modo fabulosum est, et nec fuit nec erit unquam. Quare desiderium erit frustra, sin autem Lucretius intelligit secundo modo, sic amor erit desiderium utendae foeminae ut in ea et ex ea amans generet sibi simile, et hoc pacto amor erit feris, non autem hominibus accomodatus, animalia enim muta desiderant uti foeminis sui generis, ut in eis, et ex eis sibi similia generent. At talis amor

---
[37] Ivi, lib. VI, c. 223r-v.

non Cupido est, quem Poetae Veneris filium esse tradunt, sed ferinam concupiscentiam, de qua posterius loquemur[38].

In seguito riprende questo concetto

Lucretius vero seminis genitalis intromissionem transformationem hanc interpretatur. Cum, in genitale semen e toto amantis corpore, singulisque, membris decidat, solo huius tactu, vel tactu aut transformatione in amatam, totum amantem in amatorem transformari asserit[39].

L'amore, dunque, viene visto sotto l'aspetto puramente biologico. Nifo sembra negativo nei riguardi di Lucrezio, ma in realtà lo è solo per questo aspetto strettamente biologico. In genere si allinea con il suo modo di vedere l'amore come un bisogno fisico che si esaurisce in una gratificazione dei sensi e non dell'intelletto, come invece voleva il neoplatonismo di Ficino.

La pista del tema amoroso comincia a perdere importanza nella seconda metà del secolo, e perde la dimensione etica che una lunga tradizione gli aveva affidato. Il contributo di Mario Equicola e di Nifo ebbero indubbiamente il loro peso, e dietro di loro operava il pensiero di Lucrezio. A riprova dell'influenza di Nifo, citiamo due passi dal *Trattato dell'amore humano* di Flaminio Nobili (1556) che sembrano ricordare il testo del Sessano appena citato:

Et Lucretio altresí ragionando pur d'Amore, disse, che l'Amante vorrebbe con tutto il corpo penetrare per tutto il corpo della sua Donna, et veggio io che da questi superstiziosi Scrittori d'Amore è conceduto il bacio, il quale alla fine è pur un congiungimento di corpo et comune anche alle bestie; tal che questo congiungimento non ripugna all'Amore humano (intendendo per Amore humano quello che è ragionevole et honesto) se non segue la violazione delle leggi, o se non si trapassano le altre conditioni della temperanza[40].

Sempre in Nobili leggiamo quanto segue e che echeggia Nifo:

[...] doversi cacciare l'uno Amor con l'altro. Come d'asse si trahe chiodo con chiodo, et Lucretio poeta di chiarissimo ingegno, et di mirabile erudizione disse ciò esser un conturbar con nuove piaghe le prime ferite; conciosia che spesso una ferita interna ben curar non si possa se con altre piaghe non si apre[41].

E non va dimenticato Benedetto Varchi, che in una "lezione su Dante", riporta l'*auctoritas* di Lucrezio in fatti d'amore:

---

[38] Agustini Niphi Medici, *De pulchro et amore liber*, Roma, Blado, 1531, c. LV r-v. La princeps è del 1529.
[39] Ivi, c. 95v.
[40] Flaminio Nobili, *Trattato dell'Amore humano*, Bologna, Gianotti, 1580, cc. 19v-20r
[41] Ivi, c. 44r.

E se alcuno dicesse in questo luogo: come, non hanno ancora gli animali brutti amore? E non disse Lucrezio favellando a Venere quegli dolcissimi versi allegati altre volte da noi:
Nam simul ac species patefactast verna diei
Et reserata viget genitabilis aura favoni,
Aeriae primum volucris te, diva, tuumque
Significant initum perculsae corda tua vi.
Inde ferae pecudes persultant pabula laeta
Et rapidos tranant amnis: ita capta Lepore
Te sequitur cupide quo quamque inducere pergis [1:10-16].
Rispondiamo che non solo gli animali ma tutte le cose di tutte le ragioni hanno amore, pigliando amore nella larghissima sua significazione[42].

E ripete in una delle sue *Lezioni*, probabilmente echeggiando Equicola:

Rasio vuole che ora si digiuni per guarire dell'amore, e ora beva tanto che si divenga ebbro; e sopra tutto si devono far tutte quelle cose che ne insegnò Lucrezio, quando disse:
Sed fugitare deest simulacra, et pabula amoris,
Absterrere sibi, atque alio convertere mentem,
Et jacere umorem collectum in corpora quaeque [4: 1063-1065]
Con tutto quello che seguita; benché a lui niente giovarono, perché prima impazzò per amore, di poi uccise se stesso[43].

Le attestazioni ricordate in questo paragrafo fanno sospettare che "la pista amorosa" potrebbe rivelarne molte altre. Ma è anche una pista più minata di tante altre, nel senso che l'amore erotico era visto con diffidenza nella cultura sempre più vigilata dalla politica controriformistica. Valentina Prosperi[44] ha dimostrato che Lucrezio è presente nell'*Aminta* e in altre opere di Tasso, ma lo è in modo che diventa sempre più celato e sembra voluto da una forma di "autocensura" che scattava con forza sempre più decisa ogni volta che sarebbe stato utile parlare del *DRN*.

---

[42] Benedetto Varchi, *Lezione "Sopra il primo canto del Paradiso"*, in *Opere*, Trieste, Lloyd Ausriaco, 1859, vol. II, p. 391. Sono versi tratti dall'Inno a Venere.
[43] Ivi, p. 554. Varchi cita con grande frequenza l'opera di Lucrezio: nel secondo volume delle sue *Opere*, cit., Lucrezio è citato in ben quaranta passi, quasi tutti con citazioni dirette, e immancabilmente accompagnate da giudizi molto elogiativi per la bellezza della scrittura. Il passo appena citato è ricordato anche, e con maggior ampiezza, da Valentina Prosperi, *"Di soave licor"*, cit., p. 171.
[44] Valentina Prosperi, *"Di soave licor"*, cit., pp. 170-173.

3. Poetica, mitografia, linguaggio dei simboli

Altro tema capitale della letteratura cinquecentesca fu la discussione sulla natura della poesia. Ovviamente il tema era di ascendenza remota, ma solo nel Duecento si pose il problema in termini di "scuola", nel senso che si cercò di dare alla produzione artistica un posto specifico nell'ambito delle discipline, nelle teorie dei generi e perfino nel campo dell'etica. Le soluzioni migliori furono offerte dalle *poetriae* che, però, soddisfacevano i criteri dello stile e lasciavano in penombra altri aspetti dell'attività creativa; e l'*Epistola* di Orazio diede qualche orientamento, ma non produsse una teoria estetica robusta. Il vero salto fu determinato dalla scoperta o meglio dal rilancio della *Poetica* di Aristotele dovuto al commento di Francesco Robortello del 1548. Verso la metà del Cinquecento nacquero le grandi dispute sulla natura della poesia, soprattutto sulla tragedia e sul poema epico, e i criteri dominanti erano quelli dell'*imitatio* della realtà e dell'azione, ossia gli stessi che avevano spinto la scuola di filiazione platonica a guardare con sospetto l'arte in quanto "imitatrice" e non "creatrice" del mondo reale. Lucrezio era un autore che aveva fatto della "natura" il soggetto principale del suo poema; ma proprio per questo, era legittimo porlo allo stesso livello dei poemi omerici ed eroici in genere? Il discorso fu portato in campo da Torquato Tasso.

Questi, nel libro primo delle *Osservazioni sul poema eroico*, si sofferma sul *DRN*, poema che non ha "azione", non ha "eroe", e non ha alcuna briciola di immaginazione, anzi, la combatte. Ecco quanto scrive Tasso, affascinato ma perplesso davanti allo straordinario poema lucreziano.

È dunque la poesia imitazione fatta in versi, ma imitazione di che? Delle azioni umane e divine, dissero gli Stoici; dunque coloro che non cantano le azioni umane o divine non sono poeti. Non fu dunque poeta Omero, quando egli descrisse la battaglia fra le rane e i topi, né poeta Virgilio descrivendoci i costumi e le leggi e le guerre dell'api. Dall'altra parte chi descriverà le azioni divine, sarà poeta: poeta fu dunque Empedocle, insegnandoci come l'amore, e la discordia corrompano questo mondo sensibile, e generino l'altro intelligibile: o poeta Platone quanto introduce Timeo a narrare come Iddio padre, chiamando gli altri Iddii minori, creasse il mondo: e se non fu poeta interamente, perché gli manca il verso, almeno è degnissimo di questo nome, in quello che appartiene alle cose imitate, ma se questo è vero, essendo tutte le azioni della natura amministrate con divina provvidenza, chi scrive le azioni della natura, par che sia poeta. Né credo già che gli eroici poeti avessero escluso Omero, o Empedocle, o Parmenide, ovvero Oppiano, o altro sì fatto, il quale prendesse il verso in presto da' veri poeti a guisa d'un carro, come dice Plutarco: forse avrebbono scacciato da questo numero poetico Lucrezio, perché egli scaccia quella loro antichissima *prònia*, laonde la creazione del mondo per suo avviso non fu divina azione ma fatta a caso, e le azioni somiglianti non sono per opinione di Aristotele convenevole soggetto della poesia, e le azioni degli elementi, e l'altre naturali non siano, ma se tutte le azioni possono essere imitate, essendo molte le spezie della azioni molte saranno le spezie de' poemi, e perché in questo genere equivoco, come dice Simplicio, ne' *predicamenti,* la prima spezie è la contemplazione, la quale è azione dell'intelletto: la contemplazione ancora potrà essere imitata dal poeta. E come pare ad alcuni il poema di Dante ha per soggetto la contemplazione, perché quello suo andar all'Inferno ed al Purgatorio, altro non significa che la speculazione del suo intelletto [...] ma col parer d'Aristotele, dicendo egli che Empedocle è piuttosto fisico che poeta, non si può concludere assolutamente che egli non sia poeta in modo alcuno: ma s'egli pure è poeta, le azioni degli elementi ancora che son nell'infimo grado saran soggetto della poesia. Dunque poeta è similmente Lucrezio e il Pontano e gli altri che in versi hanno scritte le cose della natura, e se questa definizione è vera, non si dee diffinir la poesia imitazione delle azioni umane e divine, perché ne escluderebbono quelle degli elementi e le altre naturali e quelle degli animali. Laonde sarebbono cacciati da questo numero non solo i poemi di Empedocle e di Lucrezio e d'Oppiamo, ma alcuno di quelli di Omero medesimo[45].

Il passo e il suo contesto rientrano nell'ortodossia della poetica aristotelica, ma con qualche adattamento che dovrebbe salvare il poema. Secondo la *Poetica*, "azione" significa un susseguirsi di eventi e di azioni che presentano uno sviluppo, visibile nel suo avere un principio, un mezzo e una fine. Tasso vede nel poema di Lucrezio la presenza di un'azione che non è una "prassi" bensì è piuttosto una "azione di contemplazione", e ciò sarebbe sufficiente per assicuragli la qualità della poesia, anche se di intensità meno alta di quanto non lo sia quella di natura strettamente eroica.

Il coinvolgimento tassiano con il poema lucreziano va molto oltre il passo qui esaminato. Valentina Prosperi, come al solito, non solo ci ha preceduto nel notare e nell'esaminare dettagliatamente il giudizio riportato, ma si dilunga a rilevare altre tracce di Lucrezio nell'opera tassiana, e la sua ricerca si spinge anche sui commentatori del poema, fra i quali si distingue Giulio Guastavini[46]. A questo proposito aggiungerei la sezione "I furti del Tasso" inclusa nel *Duello dell'ignoranza e della scienza* del 1607-1610[47], opera di Costantino de' Notari che abbiamo già avuto modo di menzionare.

Le esitazioni o le ambigue affermazioni di Tasso spinsero Francesco Patrizi da Cherso a riprendere l'argomento. Patrizi da Cherso era un antiaristotelico e un platonico *sui generis* e per giunta fortemente polemico nei riguardi di Tasso. Il "problema Lucrezio" viene discusso in *Della Poetica*, opera vastissima e dalla tradizione editoriale non limpida, ma oggi consultabile in edizione moderna curata da Danilo Aguzzi Barbagli. Il rimando al *DRN* vi ricorre varie volte, e la prima per indicare che il poema a noi pervenuto sia "tronco", cioè privo di vari canti. Lo afferma basandosi sulla testimonianza di

---

[45] Torquato Tasso, *Discorso del poema eroico*, in *Opere*, Venezia, Monti, 12 voll.,1722-1742; la citazione è tratta dal vol. V, 1735, pp. 347-348.
[46] Valentina Prosperi, *"Di soave licor"*, cit., p. 191 e *passim*.
[47] Costantino de' Notari, *Duello dell'Ignoranza e della Scienza*, Venezia, Valentino, 1610, cap. IV, dvisione terza, vol. II, p. 206.

Prisciano [che] cita il settimo e Macrobio il diciasettesimo. E Varrone li fa essere ventuno"; e non sa dire se il taglio riguardi canti antecedenti al primo o se quelli dopo il sesto, che per noi moderni è il sesto[48].

Il nome di Lucrezio appare spesso nelle pagine di Patrizi, ma i punti salienti, dedicati alla natura "poetica" del *DRN*, sono sostanzialmente i seguenti. Il primo si trova nel libro settimo de *La deca disputata*, intitolato "Se Empedocle fu poeta minore o maggiore di Omero", questione che risale alla *Poetica* di Aristotele e che abbiamo già incontrato in Tasso. Questi svolge un discorso generale sulla poesia priva di "azione", e nega che possa attingere risultati estetici positivi, e tuttavia, come abbiamo visto, fa un'eccezione per Lucrezio anche se non si dilunga ad esaminarne l'opera.. Patrizi, invece, si dilunga sul *DNR* quando parla di "allegoria" delle favole, e ricorda che Lucrezio irride queste favole inventate di sana pianta tanto che neppure il senso allegorico può redimerle dalle insulsaggini delle fandonie, e cita i vv. 580-594 del IV del *DRN*. E Lucrezio viene addotto come *auctoritas* per quel che dice sull'origine degli aedi e dei rapsodi che cantarono la natura [*DRN*, 4: 46-48]. Sono tutte osservazioni che però non vengono sviluppate, e le ricordiamo solo per documentare la presenza di Lucrezio nelle pagine di Patrizi.

Una sosta, invece, merita un altro punto in cui Lucrezio discute della "meraviglia", e affronta un tema destinato ad avere sviluppi notevoli nella cultura manieristica e barocca. La meraviglia, dice Patrizi, nasce da una combinazione di ignoranza e di incredulità e di "potenza ammirativa". Un fatto sconosciuto che inaspettatamente si presenta al nostro sguardo e ci lascia incerti se quel che vediamo o sentiamo sia vero o no: questa è la meraviglia, un misto di «credibile e di incredibile, o di credibile» o un «incredibile lontano che si sono divisati»[49]. Ma Lucrezio sembra aggiungere un fattore nuovo:

Ma se a Lucrezio crediamo, anco nasce per cosa facile pure che sia allora la prima fiata che la veggiamo e ci sia nuova. Però dice:
Sed neque tam facilis res ulla est, quin ea primum
Difficilis magis ad credendum constet. Itemque
Nil adeo magnum, nec tam mirabilis quicquam
Principio, quod non minuant mirarier omnes
Paulatim[50] [1026-1009].

E dichiara la stessa cosa con un altro esempio:

---

[48] Francesco Patrizi di Cherso, *Della poetica*, ed. Danilo Aguzzi Barbagli, Firenze, Istituto Nazionale di Studi sul Rinascimento, 3 voll., 1969-1971, vol., I, pp 164-165.
[49] Ivi, II, p. 365.
[50] Ivi, II, pp. 365-366.

Principio coeli clarum purumque colorem
Quaeque in se cohibent, palantia sidera passim,
Lunamque et solis praeclara luce nitorem;
Omnia quae nunc si primum mortalibus essent
Ex improviso cum sint obiecta repente,
Quid magis his rebus poterat mirabile dici,
Aut minus ante quod auderent fore credere gentes?
Nil, ut opinor; ita haec species miranda fuisset.
Quam tibi iam nemo fessus satiate videndi,
Suspicere in caeli dignatur lucida templa. [II, 1030-1039]
Secondo l'opinione di Lucrezio, adunque, e per ogni agevole cosa che ci sia nuova ci si muove la meraviglia e d'ogni grande e difficile ella cessa col tempo, per la sazietà che ci prende di vederla[51].

Queste parole, ricavate dal libro decimo, "Cos'è la meraviglia", della "deca ammirabile", hanno valore per la nostra perlustrazione della fortuna di Lucrezio, ma non c'è dubbio che tocchino un tema che diventerà vitale nella cultura alla quale siamo soliti alludere ricordando il famigerato *verbum* mariniano "è del poeta il fin la meraviglia". Si potrà discutere se le idee di Patrizi sulla meraviglia contribuiscano a spiegare la categoria estetica alla quale la civiltà barocca diede tanta importanza, ma non si potrà negare che la precorrano.

In questa direzione vanno lette anche le considerazioni che Patrizi fa sul "furore poetico" di Lucrezio:

È talor avvenuto che huomini insensati e senza alcun ingegno, come affermano alcuni di Homero e di Lucretio, subitamente sieno divenuti eccellentissimi poeti[52].

Il passo allude alla "pazzia" di Lucrezio, e appare nell'Appendice al *Della Poetica* avente per titolo *Discorso della diversità dei furori poetici*. E il discorso sul "furore" non può non portarci a rivedere l'opera capitale su questa passione, cioè *Gli eroici furori* di Giordano Bruno, dove in modo lapidario vengono condannate tutte le elucubrazioni dei Tasso e dei Patrizi sulla validità o meno della poesia "scientifica" di Lucrezio:

Son certi regolisti de poesia che a gran pena passano per poeta Omero, riponendo Virgilio, Ovidio, Marziale, Esiodo, Lucrezio ed altri molti in numero di versificatori, examinandoli per le regule de la Poetica d'Aristotele[53].

---

[51] Ivi, II, pp. 365-366.
[52] Ivi, III, p. 455.
[53] Giordano Bruno, *De gli eroici furori*, parte prima, dialogo primo, in *Opere*, a cura di Michele Ciliberto, Milano, Mondadori, "I meridiani", 2000, p. 783. Si veda anche una lunga citazione di Lucrezio ne *La cena de le Ceneri*, dialogo terzo, ivi, p. 67.

Ma per costruire un quadro più informato della presenza di Lucrezio nei discorsi sulla poetica, bisogna sfogliare almeno la raccolta dei *Trattati di poetica e retorica del '500*[54] dove è frequente la menzione del *DRN*. Il tema più ricorrente è quello della liceità dell'uso dei versi o della poesia per trattare argomenti naturalistici e non eroici o elegiaci o comici. Era un tema fondamentale, come abbiamo appena visto, e quindi non sorprende che compaia in autori come Alessandro Leonardi, *Dialoghi dell'invenzione poetica* (II, p. 220)[55], in Gian Piero Capriano (*Della vera poetica*, II, p. 301), in Orazio Toscanella (*Precetti della poetica*, II, p. 621), per nominare solo alcuni. Questo tema particolare s'incastra, ad esempio, con il discorso sull'utile e sul bello (Alessandro Corriero, *Breve et ingegnoso discorso contra l'opera di Dante*, III, p. 280 e seg.); con le discussioni sulla catarsi (Lorenzo Giacomini, *Della purgazione della tragedia*, III, p. 348), e più in generale il *DRN* viene usato come esempio di poema narrativo (Francesco Ceruti, *Dialogus de Comedia*, III, p. 210 seg.). La natura e la qualità del poema si prestavano ai sostenitori di opinioni disparate. Fra tante spiegazioni della comicità causata non da figure retoriche ma da reazioni psicologiche, ci piace riportare (II, p. 70) un prelievo dal *DRN* ed esaminato in *Della poetica* di Giangiorgio Trissino, sommo critico cinquecentesco:

Vedesi ancora che l'uomo mai di sua natura non s'allegra del ben altrui, se non per accidente, cioè per qualche commodo che indi ne speri. [...] Ma se vede che caggia nel fango e che se imbratti, ride, perché quel mal che non si trova in noi (come dice Lucrezio) sempre è mirabil a rimirarlo in altri.

C'è l'eco di:

Suavi mare magno turbantibus ventis
e terra magnum alterius spectare laborem. [2: 1-2]

Ci piace ricordare quest'osservazione perché la ripropone più tardi un precettista barocco delle "acutezze", Matteo Pellegrini *Delle acutezze* (Genova, Farroni-Pesagni-Barbieri, 1639, cap. V, p. 88); e ai nostri giorni Benjamin Blumenberg l'utilizza nel titolo del suo *Schiffbruch mit Zuschauer,* reso in italiano come *Naufragio con spettatore*[56]. Il *DRN* a volte viene menzionato a proposito dell'uso di termini tradotti o semplicemente trasportati dal greco (Giulio Camillo Delminio, *Della imitazione*, I, p. 164), o a proposito della *dispositio* (ivi, pp. 267 e seg.), o anche della scelta degli elementi per creare una similitudine (Idem, *Trattato delle materie che possono venire*

---

[54] Sono curati da Bernard Weinberg, per la collana "Scrittori d'Italia", Bari, Laterza, 4 voll., 1970-1974
[55] Indichiamo, per semplificare, il volume e la pagina dei *Trattati di poetica*, cit.
[56] Sul tema si veda anche Valentina Prosperi, *Il punto di vista del naufrago: il II proemio lucreziano nell'opera di Tasso,* «Maia», 67 (2015), pp. 340-353.

sotto lo stile dell'eloquente, I, p. 335 e p. 348), e così molti altri punti della retorica discussi da vari autori.

Ma non mancarono valutazioni negative proprio dal punto di vista artistico. Tassoni nei suoi *Pensieri diversi* ritorna sul tema del rapporto tra esposizione scientifica e poesia, e lo svolge creando un paragone tra Lucrezio e Boccaccio. Dice che, se si pensa alla poesia come "versi", Boccaccio non sarà mai un poeta:

Non lo sarà manco Lucrezio, il quale quantunque ne' libri ch'egli scrisse della filosofia d'Epicuro, habbia il numero armonioso, ed il verso, che è parte essenziale costitutiva della poesia, non basta però il verso a fare il poeta, quando non sia congiunto con l'imitazione, che è l'altra parte costitutiva della poesia, la quale è imitazione fatta in versi. E però Aristotele nel citato cap. I disse *Homero quoque, ac Empedocli* [...]. Sì che trattando anch'egli Lucrezio della Filosofia naturale d'Epicuro, sarà piuttosto fisico che poeta, non essendo la poesia trattazione ma imitazione. Ma se pure impropriamente vorremo ad alcuno di questi nomi di poeta adattare, meglio senza dubbio veruno a Lucrezio che al Boccaccio si converrà, per essere stato sempre costume del volgo (in grazia di cui sono state trovate le poesie) di chiamare i versificatori poeti e i prosatori non mai, come attestò medesimamente anch'egli Aristotele stesso. Senza che Lucrezio fra suoi versi ha mischiate molte imitazioni, dove Boccaccio fra le sue imitazioni non ha mischiati se non pochissimi versi, e sono al sicuro migliori i versi di Lucrezio, che le favole del Boccaccio, le quali in gran parte si sostentano più con la bontà della lingua, e con la maniere del dire che con la verosimilitudine, e bontà loro riguardando al costume[57].

Ancora più negativo è Secondo Lancellotti nel suo *Hoggidì*, opera che mette in ridicolo le credenze che nei tempi antichi tutto fosse migliore, inclusa la fertilità delle terre. E come documento di tal modo di credere, cita un lungo passo dal secondo libro del *DNR*:

Iamque adeo affecta est aetas, effetaque tellus;
Vix animalia parva creat, quae cuncta creavit
Saecla, deditque ferarum ingentia corpora partu.
Haud (ut opinor) enim mortalia saecla superne
Aurea de caelo demisit funus in arva:
Nec mare, nec fluctus plangentis saxa crearunt:
Sed genuit tellus eadem, quae nunc alit ex se.
Praeterea nitidas fruges, vinetaque laeta
Sponte sua primum mortalibus ipsa creavit:
Ipsa dedit dulces foetus, et pabula laeta;
Quae nunc vix nostro grandescunt aucta labore:
Conterimusque boves, et viris agricolarum
Conficimus ferrum vix arvis suppeditati
Usque adeo pereunt faetus, augentque labores.
Iamque caput quassans grandis suspirat arator,

---

[57] Alessandro Tassoni, *Dieci libri di pensieri diversi*, Carpi, Vaschieri, 1620, lib. IX, cap. 5, "Chi meriti più il nome di poeta, Tito Lucrezio o Giovanni Boccaccio".

Crebrius in cassum manuum cecidisse laborem:
Et cum tempora temporibus praesentia confert
Praeteritis, laudat fortunas saepe parentis:
Et crepat, antiquum genus ut pietate repletum
Perfacile angustis tolerarit finibus aevum,
Cum minor esset agri multo modus ante viritim:
Nec tenet, omnia paullatim tabescere, et ire
Ad scopulum spatio aetatis defessa vetusto. [1150-1174]

In quanto a me non saprei mai altro rispondere a se non che questa è una bella hoggidianata di Lucrezio, la quale non solamente non mi sbatte dalla mia opinione, ma me la pianta più al fondo dell'anima. È possibile che non s'accorga ognuno quanto farnetichi (diamisi licenza) questo poeta, e non meno di lui chi gli crede, dicendo che la terra habbia mai somministrato a' mortali le cose di lor bisogno senza essere lavorata? Se la terra 1800 anni, quando non molto prima e non molto dapoi visse Lucretio, era sí svenuta e isterilita, e tale svenimento e sterilità, come dic'egli, e tutti gli hoggidiani dicono, è ita e va sempre avanzandosi, come ne partorisce ella più minimo che per lo servigio umano? E se gli animali eran al tempo di Lucretio così piccoli[58] [...].

E continua per un po' negando a Lucrezio non solo ogni qualità di poesia, ma anche il minimo indispensabile di credibilità.

---

[58] Secondo Lancillotti, *L'hoggidì, overo il mondo non peggiore né più calamitoso del passato*, Venezia, Guerigli, 1623, p. 302 sg.

4. Sentenze, forme simboliche, emblemi

Una pista su cui Lucrezio lasciò tracce visibili fu quella delle forme semplici, coltivate con grande impegno dalla cultura rinascimentale. Parliamo di "forme semplici" usando l'etichetta forgiata da André Jolles, ma senza seguirne le analisi e le implicazioni. Sono "forme semplici" per noi i proverbi, le sentenze, e altri fenomeni come gli emblemi che, pur essendo complessissimi, mirano a tradurre in una forma essenziale e quindi semplificata, delle realtà complesse. E lo fanno con un linguaggio che a volte non è verbale ma pittorico, quindi simbolico, e a volte con un linguaggio che contiene sensi figurativi, come metafore. Un proverbio, ad esempio, riunisce in un giro brevissimo questi tre elementi: *sententia, brevitas et figura*. Contiene, dunque, un insegnamento "concettoso" in una sola frase, e lo rende memorabile con l'aggiunta di un colore retorico come la rima o la metafora. Gli umanisti, almeno quelli che ebbero una certa propensione a messaggi irenici, prestarono molta attenzione ai proverbi, in quanto espressioni di una sapienza primitiva, quasi di sapore evangelico, e per questo ne fecero delle raccolte, cominciando dai *Proverbiorum opus* di Polidoro Virgilio (1499) seguiti dagli *Adagia* di Erasmo (1505), entrambe continuamente ampliate — quella erasmiana raggiunse varie migliaia di lemmi. La cultura volgare ebbe i suoi Brusantino e Sarnelli[59] che mantennero in vita questa tradizione, risalente al Medioevo, anche se il suo prestigio era legato alla sfera didattica e gnomica. Ora Lucrezio non fu fonte di proverbi, ma lo fu di sentenze e di "figure" grazie al suo stile preciso e concettoso che coglieva l'essenza delle cose e dei problemi, per cui riusciva ad ingaggiare il lettore con la presentazione concisa dei fenomeni, creando in lui impressioni facilmente memorizzabili con il suo linguaggio icastico.

Le raccolte di sentenze, o *apophtegmata*, allestite dagli umanisti avevano valori e usi diversi. Il valore di una sentenza è potente in quanto pronuncia una verità assoluta in modo epidittico, quindi conferendole quella forza che viene dall'essenzialità del dettato. La sua estrazione di solito non è popolare, ma colta e dotta, e molto spesso ha un autore, cosa che il proverbio non ha. Spesso le espressioni "sentenziose" sono delle definizioni di qualità morali o di situazioni politiche che la saggezza di qualche antico sapiente ha formulato in modo inalterabile[60]. Quanto all'uso, le raccolte di simili

---

[59] Sul tema si veda il recentissimo Daniela D'Eugenio, *Paroimia: Brusantino, Florio, Sarnelli, and Italian Proverbs from the Sixteenth to the Seventeenth Centuries*, Lafayette, Perdue University Press, 2022.
[60] Non si tratta di saggezza morale, ovviamente, e nessuno degli autori che leggiamo per questa rassegna parla di "etica" lucreziana. Tuttavia, il campo potrebbe essere indagato, e forse darebbe qualche risultato. In Varchi ("Della Natura", in *Opere*, cit., II, p. 659), ad esempio, troviamo questa osservazione: «La natura non si può mutare e vincere del tutto con nessun tempo, arte, ingegno, né forza; onde i vizii così del corpo come dell'animo, che noi avemo propriamente da natura, si possono bene mitigare e scemare alquanto, ma tor via del tutto no, parlando naturalmente; e per questo disse leggiadramente Lucrezio:
Sic hominum genus est, quamvis doctrina politos
Constituat pariter quosdam, tamen illa relinquit

sentenze miravano a fornire materiali per la *elocutio* degli autori, i quali, a seconda del tono e dello stile adottato in certi tipi di scritture, amavano infiorettare le loro pagine di "sentenze" che davano, e ancora danno, una qualche *gravitas* stilistica.

Fra le raccolte più fortunate si ricorda la *Polyanthea opus suavissimis floribus exornatum compositum per Domenicum Nanum Mirabellium civem Albensem*. Pubblicata a Savona nel 1503, l'opera ebbe un successo spettacolare. Era una sorta di prontuario di sentenze organizzata per lemmi come un dizionario, e per ogni termine si riportavano le definizioni ricavabili dai padri della Chiesa, quindi dagli autori classici latini, e inizialmente anche da Dante e da Petrarca. La prima edizione riporta solo una citazione di Lucrezio relativa alla voce "corpus"[61], ma con il correre del tempo, le citazioni lucreziane aumentarono di numero, e nell'edizione di Francoforte del 1612 le occorrenze ammontano ad una quindicina. Si dirà che sono poca cosa, ed è vero; ma se si pensa all'enorme diffusione e consumo dell'opera si capirà che conta molto di più la circolazione che la quantità dei rimandi: la prima indica l'estensione del raggio degli utenti, mentre la seconda è un indice della forza espressiva delle sentenze lucreziane. La *Polyanthea* era utilizzata in gran parte dagli autori in volgare che amavano citare autori latini, e molto spesso citavano Lucrezio prelevandolo da quel prontuario senza aver mai letto l'opera direttamente. È un fenomeno che spiega l'apparente "erudizione" di molti autori che in realtà sfruttavano repertori di ogni tipo, quale ad esempio l'*Officina* di Ravisio Testore, dove trovavano aneddoti anziché detti o sentenze o aforismi[62].

Naturae cuiusque animi vestigia prima;
Nec radicitus evelli mala posse putandum est,
Quin proclivius hic iras decurrat ad acris,
Ille metu citius paulo temptetur, at ille
Tertius accipiat quaedam clementius aequo.
Inque aliis rebus multis differre necessest
Naturas hominum varias moresque sequacis. [3: 307-15]
Su questa linea si potrebbero porre altre schede come la seguente di Scipione Mercuri (*De gli errori popolari d'Italia*, Verona, Rossi, 1645, p. 49: «Pitagora con quella sua littera biforcata mostrò con dotto simbolo la libertà dell'huomo il qual potrà pigliar la via destra o la sinistra, la destra della virtù, la sinistra de i vitii. La qual libertà Lucretio nel libro secondo delle cose naturali spiegò in versi gratiosamente dicendo:
unde est haec, inquam, fatis avolsa voluntas,
per quam progredimur quo ducit quemque voluptas,
declinamus item motus nec tempore certo
nec regione loci certa, sed ubi ipsa tulit mens?
nam dubio procul his rebus sua cuique voluntas
principium dat. [2: 257-62]
Il gioco tra "voluptas" e "voluntas" ha, come si vede, implicazioni morali. L'opera è dedicata al medico Liceti.
[61] "Corpus a Lucretio hoc versu sic describitur: Tangere nam aut tangi nisi corpus nulla potest res". L'opera di Domenico Nani Mirabelli ebbe un numero elevatissimo di edizioni e di modifiche fino alle ultime versioni che si produssero addirittura nel Settecento.
[62] Su questo diffusissimo fenomeno si veda il mio *Polimatia di riuso: mezzo secolo di plagio (1549-1589)*, Roma, Bulzoni, 1996.

Alcune "sentenze" di Lucrezio ebbero vita propria e sicuramente dovuta a lettura diretta, come si evince dal contesto in cui appaiono. Ne diamo qualche esempio. Si potrebbe cominciare da Celio Calcagnini:

Si ergo cautius inspiciamus, agnoscemus malos demonios, quo facilius in nostrum genus superstitionum seminaria religionis praetextu infudisses quam ita Lucretius improbavit: "Religio peperit scelerata atque impia facta"[63] [1: 63];

oppure:

Sic amaricinum subus acre veneni esse, cecinit Lucretius"[64] [6: 975],

che potrebbe anche essere ascrivibile alla categoria dei proverbi, e infatti non è un caso che venga raccolto negli *Adagia* di Erasmo, e da qui poi lo riprenda Tomaso Garzoni ne *La sinagoga degli ignoranti*[65].

E si può aggiungere ancora:

Arma antiqua manus dentes unguesque fuere, inquit Lucretius[66].

Mario Equicola cita Lucrezio anche come creatore di sentenze:

Lucretio affermando non esser altro inferno che questa nostra habitata terra[67].

Un senso di "sentenza" o "massima" sembra attribuire Benedetto Varchi ai versi lucreziani:

E Lucrezio, in favore dei sensi, disse, che chi ripugna a' sensi, distrugge il credere:
Nam contra sensus ab sensibus ipse repugnat
Et labefactat eos unde omnia credita pendent[68] [1: 693-94].

Potremmo passare a Sisto da Siena, il quale nella sua *Bibliotheca Sancta* include l'empio Lucrezio:

Una dies dabit exitio, multosque per annos
Sustentata ruet moles, et machina mundi.
Nec me animus fallit, quam res nova, miraque menti

---

[63] Dal *Compendium amatoriae magiae*, in *Opera*, Basilea, Frobenius, 1544, p. 499.
[64] In *Quaestionum liber*, II, in *Opera*, cit., p. 29.
[65] Si veda in Tomaso Garzoni, *Opere*, a c. di Paolo Cherchi, Ravenna, Longo, p. 508. Il dato comprova che i repetori umanistici distribuiscono gli autori classici nella forma spicciola delle sentenze o proverbi.
[66] Celio Calcagnini, *De verborum et rerum significatione*, in *Opera*, cit., p. 363.
[67] Mario Equicola, *Libro de natura de amore*, Venetia, Lorio [Zopino], 1525, lib. IV, c. 141r. Si riferisce a *DRN*, 3: 992. E cfr. Totaro, *art. cit.*, p. 531.
[68] Benedetto Varchi, *Lezioni*, in *Opere*, cit., vol. II, p. 702.

Accidit, exitium coeli, terraeque futurum[69] [5: 95-98].

Si può fare un lungo salto ed arrivare ad Agostino Mascardi, in pieno Seicento, autore certamente dotto (era un gesuita) ma capiva la forza del volgare: «Non pose mente [i.e. Valerio Flacco] che saettatore da' Poeti Greci è nominato il Sole; i cui strali in più luoghi *lucida tela diei* da Lucrezio fur detti»[70], dove risalta il linguaggio "figurato" del *DRN*.

Interessante è il seguente caso che riguarda il tema del "vacuo", fondamentale nella concezione atomistica della natura. Giovanni Elefantuzzi, professore di scienze a Bologna, scrive:

Et si natura admitteret tantillum vacuum, posset illud etiam extendi ad immensum, quia sic ad nihil possent reduce corpora, et tunc pessum iri cunta, admitteretur, cum tamen per naturam certum sit (ut inquit Lucretius)
Ex nihilo nihil, in nihilum nil posse reverti[71]. [1: 149, e 2:287]

Il principio appena menzionato risale a Parmenide ed è adottato da Epicuro proprio all'inizio della *Physica*; ma lo scienziato bolognese lo attribuisce a Lucrezio sia perché lo formula in latino, sia perché Lucrezio veniva considerato una *auctoritas* in campo scientifico.

Nella combinazione di *sententia brevitas et figura* si coglie facilmente l'esigenza di un linguaggio fatto di simboli, i quali per loro natura "concentrano" i segni e attingono quella *evidentia* o *enàrgheia* che il linguaggio verbale non può avere, e attraverso la raffigurazione pittorica comunicano il messaggio in modo immediato e rendono visibili le idee. Il Cinque e Seicento furono i secoli dell'emblematica, di un nuovo linguaggio che in qualche modo faceva presentire il bisogno della concretezza scientifica e che nel frattempo ricorreva a mediazioni magiche per andar oltre la materia e "vederne" la forza. Il pioniere di questa nuova maniera di dar corpo all'immaginario e al discorso poetico fu Andrea Alciati, che pubblicò l'*Emblematum libri* nel 1525 e lo ampliò in edizioni successive, portando i 104 emblemi della *princeps* a 115 nell'ultima edizione che lui stesso curò (Parigi, Wechel, 1534), mentre quella di Padova (Tozzi, 1622) ne contiene 212. Gli *Emblemata* ebbero un successo impareggiato, degno in tutto di un'opera che aveva dato vita ad una nuova forma di espressione artistica.

---

[69] In *Bibliotheca Sancta*, III, in una sezione dedicata a ricostruire una "catena" sul *Salmo* 116; si cita dall'ed. di Lione, Tingi, 1575, p. 194 seg.
[70] Agostino Mascardi, *Discorsi morali sulla tavola di Cebete Tebano*, Venezia, Baba, 1653, pt. IV, disc. VI, p. 512. La citazione da Lucrezio è da 1: 147.
[71] Giovanni Elefantuzzi, *Eversio demonstrationis ocularis*, Bologna, Bernari, 1648, p. 17.

Alciato leggeva Lucrezio e ne ricava immagini e dati. Il recente studio di Anne-Angélique Andenmatten, *Les Emblèmes d'André Alciat. Introduction, texte latin, traduction et commentaire d'un choix d'emblèmes sur les animaux* (Berna, Peter Lang, 2017) ha messo in luce una serie di "tessere" che provano la filiazione lucreziana, Qualche esempio:

Nell'Emblema 83, "In facile a virtute desciscentes (contro quelli che s'allontanano facilmente dalla virtù), esamina (a p. 390)

Parva velut limax spreto remora impete venti
remorumque ratem sistere sola potest,

e vede che "impete venti" ricalca Lucrezio: 6: 518 *nubila vi cumulata premuntur et impete venti*. Nell' emblema 167 "In eum qui truculentia suorum perierit"

Delphinem invitum me in littora compulit aestus,
exemplum, infido quanta pericla mari.
nam si nec propriis Neptunus parcit alumnis,
quis tutos homines navibus esse putet?

Vede un prelievo da Lucrezio 2: 556-58 [...] *et indicium mortalibus edant, / infidi maris insidias virisque dolumque / ut vitare velint* [...]. E commenta: «Le poète décrit les dangers de la mer, malgré son apparence paisible» (p. 630).

Nell'emblema 185 "Musicam diis curae esse" il v. 5:

trita fides rauco coepit cum stridere bombo

ricalca Lucrezio, 4: 546 *et reboat raucum †retro cita† barbara bombum* [...] (p. 693).

Una serie di prelievi simili non lasciano dubbi sulla presenza di Lucrezio nella memoria di Alciato. Sembra certo che vari emblemi (sul centauro, sulla quercia, sulla Chimera e vari altri) sono fortemente indebitati a Lucrezio.

Il *DRN* fu certamente una fonte di Pierio, ossia Piero Valeriano Bolzani. In effetti questi ricorre numerose volte al *DRN* per chiarire alcuni simboli o per avere conferme delle sue interpretazioni. Pierio fu anche lui un pioniere nel creare un nuovo filone del linguaggio simbolico, e lo fece interpretando come simboli le forme della scrittura egizia. Il suo fortunatissimo *Hyerogliphica* (1556) può essere considerato un repertorio di oggetti e personaggi assurti a simboli nel corso della storia: una civetta, per fare un esempio, ha acquistato nel tempo una serie di significati diversi da quello denotato originariamente. I simboli nel linguaggio ideografico sono segni che esprimono idee, come si constata con i geroglifici egiziani che per mezzo di immagini rappresentano idee, nozioni e concetti. Il ricorso a Lucrezio in quest'opera è frequente perché risolveva l'origine di alcune metafore risalendo all'oggetto o evento o persona che veniva poi metaforizzato in un contenuto. Così per fare un esempio le "excubiae", cioè veglie o anche risvegli, erano rappresentate dal gallo (vd. Lib. 24, cap. XX)[72] come viene comprovato da una citazione di Lucrezio.

Possiamo considerare Pierio come una sorta di ponte fra i mitografi e gli autori di dizionari o enciclopedie di simboli che ebbero un notevole successo nel Seicento. Alla fine del Cinquecento inaugurano la serie di tali opere i due volumi dei *Commentaria symbolica* del bresciano Antonio Ricciardi. Si tratta proprio di un repertorio organizzato con tassonomia alfabetica, e molte sono le voci ricavate dal *DNR*. Un esempio:

Cybelem turrito capite fictam, significat terram sustinere urbes cum turribus, et montes, ex quo Lucretius:
Muralique caput summum cinxere corona
Eximiis munita locis, quod sustinere urbes,
Quo nunc insignis per magnas praedita terras
Horrifica fertur divina matris imago[73] [2: 606-607].

Citazioni lucreziane di questo tipo sono frequenti, e si capisce che lo siano perché non sono accompagnate da commenti ingombranti.

Quasi ad un secolo di distanza usciva il voluminosissimo *Mundus symbolicus in emblematum universitate formatus* di Filippo Piccinelli, pubblicato in edizione ampliata nel 1681 e poi varie volte ristampato. I rimandi a Lucrezio sono frequenti, e sono particolarmente interessanti in quanto sono posteriori al rilancio di metà secolo del *DRN*, quando l'interesse per i problemi tipicamente barocchi del linguaggio metaforico e figurato erano un po' usciti di moda: il che viene a significare che il Lucrezio pre-Gassendi forgiatore di belle immagini non aveva perso lustro.

Ci piace chiudere questa sezione ricordando una "spiegazione simbolica" data da Daniello Bartoli sul "dente del cinghiale:

Il poeta Lucretio si prese a discolpare, e a difender il mare; cui tutti accusiam d'infedele, e pur tanto son quelli che tuttodì gli fidano le loro speranze, le loro sostanze e le lor vite. [...] Fracassata ch'egli ha in quel bollore una nave a fianchi d'uno scoglio, non la s'ingoia tutta, né si cela nel mondo il

---

[72] Nell'ed. di Colonia, Frissen, 1685, il cap. "excubiae" è a p. 288.
[73] Antonio Ricciardi, *Commentaria symbolica*, Venezia, Franceschi, 1591, 2 voll. La citazione è dal vol. I, c. 182v. È interessante che l'autore attribuisca la fonte del "simbolo" al Pierio, "Valerianus fol. 321", perché ciò conferma quanto dicevamo sul rapporto tra mitografia ed "hermeneutica symbolica".

maleficio, che i venti l'han costretto a commettere, anzi del danno d'essa fa esempio di terrore all'altre. Quel rompimento che si operò come in solitudine colà dove il mare è più vasto, e non ne fu consapevole altro che uno scoglio, una rupe, un sasso, egli il pubblica e fa visibile a tante provincie e regni, quanti sono gli svariati lidi, quale il sospigne, gitta, e dà a vedere gli avanzi del naufragio, e i cadaveri de' naufraganti, le balle, i colli, le casse, i fusti degli alberi e delle antenne, i timoni e le gabbie, le tavole e i fianchi interi della misera nave infranta, e così vediam soventi avvenire che
sed quasi naufragiis magnis multisque coortis
disiactare solet magnum mare transtra cavernas
antemnas prorem malos tonsasque natantis,
per terrarum omnis oras fluitantia aplustra
ut videantur et indicium mortalibus edant,
infidi maris insidias virisque dolumque
ut vitare velint, neve ullo tempore credant,
subdola cum ridet placidi pellacia ponti [552-559].
Hor così avviene di costoro, della cui pestilente virtù e forza ingegnosa solo per nuocere ragioniamo[74].

E spiega il senso morale di questo simbolo de "I denti del cinghiale d'Adone – Il motteggiar di gioco che lacera altrui da vero" (lib. I, 4). Chi prende a gioco il pericolo, ne subisce le conseguenze del tutto insospettate. Il ricordo va ad Adone, specialmente al personaggio che dà il titolo al poema di Marino, e che imbattutosi in un cinghiale sottovaluta la pericolosità delle sue zanne che di fatto lo uccidono. A noi interessa notare come il *topos* del "naufragio visto da lontano" trovi una versione nuova e ingegnosa ancora nel tardo Seicento.

Con Bartoli abbiamo superato i limiti cronologici imposti alla nostra ricerca; ma è uno "sfondamento" ripagato dalla ingegnosità dell'adattamento "simbolico" di un passo lucreziano.

---

[74] Daniello Bartoli, *De' simboli trasportati al morale*, Roma, Lazzeri, 1677, pp. 85-87.

5. Mitografia

La mitografia, ossia la spiegazione "storica" dell'origine e della interpretazione dei miti antichi, è legata all'ineludibile legame che stringeva il Cristianesimo alla cultura pagana, di cui ereditò il patrimonio mitologico ma cercò di leggerlo in chiave allegorica per scoprirvi precorrimenti e analogie con le verità cristiane. Il modello di tale operazione fu dato da Fulgenzio il mitografo, il quale a cavallo tra il V e il VI sec. scrisse un fortunatissimo *Mythologiarum libri tres*. Ma per motivi arcinoti, e in generale riconducibili alla decadenza culturale dell'Occidente, l'attenzione ai miti antichi si eclissò per vari secoli e rinacque solo agli inizi del nuovo millennio con la produzione di opere che conosciamo come i *Mythographi vaticani*. E procedendo *magnis itineribus*, ricordiamo che nel Trecento ci furono due tipi di lettura/interpretazione dei miti antichi: una ebbe l'archetipo nell'*Ovidius moralizatus* (1340) e in parte anche nel *Reductorium morale* entrambe di Pierre Bersuire (Petrus Bercorius); e l'altra ebbe il modello nel *De genealogia deorum gentilium* che Boccaccio compose tra 1360 e il 1374. Sono autori e opere diversissime, perché Bersuire persegue la linea tradizionale della "riduzione" o "riscrittura" cristiana dei miti antichi, mentre Boccaccio ha una prospettiva molto moderna in quanto cerca di vedere nei miti come la civiltà dei "primitivi" percepiva la realtà in cui viveva, come operava l'uomo con un'attrezzatura mentale pre-logica e dominato da una concezione magica e animistica della natura. Leggere i miti per Boccaccio significava fare degli scavi archeologici per ricostruire modi di pensare e di vedere il mondo. Il metodo boccacciano prevalse, mentre quello *à la* Bersuire fu interdetto dalla Chiesa che vedeva il rischio di dare campo libero alle interpretazioni più ardite e filologicamente deboli dei miti antichi e dei corrispettivi adattamenti cristiani. Questa vittoria del Boccaccio favorì la fioritura della mitografia rinascimentale. E Lucrezio non poteva non essere presente, anzi vi tenne un ruolo essenziale. Non bisogna dimenticare che il *DRN* è in buona parte uno studio sul mondo dei "primitivi" e della cultura che scoprì i metalli, che inventò molti mestieri e arti, che dovette spiegarsi l'esistenza del mondo e del suo posto nell'universo, insomma tutto quel mondo in cui gli uomini che eccellevano per talento venivano elevati a divinità, dando luogo al grande fenomeno dell'evemerismo. Non a caso uno dei primi autori a citare Lucrezio fu proprio Polidoro Virgilio nel suo celebre *De rerum inventoribus*. Fin dal primo libro Virgilio cita Lucrezio: «Empedocles vero ex quatuor elementis. Hinc Lucretius, "Ex imbri, terra, atque anima nascuntur et igne"»[75]; e sempre nello stesso libro: «Epicurus Deum quidem esse dixit, sed nihil quicquam tribuentem, nihil gratificantem, nihil curantem. Lucretius "Non

---

[75] Polydorus Vergilius, *De rerum inventoribus*, Roma, Grassi, 1585, lib. I, 2, pp. 6-7. Il verso del *DRN* è 1: 715.

bene promeritis capitur, ne tangitur ira"»[76]; e nel libro secondo «Et haec prima pugnae origo fuit. Lucretius "Arma antiqua manus, ungues, dentesque fuerunt"»[77].

Apre la serie di mitografi rinascimentali il ferrarese Lilio Gregorio Giraldi, che nel 1548 pubblicò a Basilea presso Giovanni Oporino una vastissima opera, *De deis gentium varia et multiplex historia*, divisa in 17 *syntagmata*. In ciascuno di questi libri o capitoli Giraldi illustra la storia di una o più divinità antiche, quindi il suo impegno immediato non è quello di studiare tutti i miti, ma solo quelli fondati sull'operato di una divinità: tale criterio limita la ricerca e la rende il più vicino possibile alle tesi evemeristiche. In ogni modo, il materiale mitografico risulta ricchissimo, grazie anche alla straordinaria erudizione dell'umanista.

Il nome di Lucrezio spunta di tanto in tanto, e a volte con due ampie citazioni di seguito come nel caso del "syntagma quartum" relativo a Cibele o Minerva. La prima è

Ergo cum primum magnas invecta per urbes
Munifica tacita mortales muta salute
Aere atque argento sternunt iter, omnia mirum
Largifica stipe ditantes, etc. [78] [2: 624-627].

La seconda viene annunciata:

Sed et de Magna matre extat Lucretij praeclarum carmen lib. secundo de Rerum natura, quod et ante citavi, ad quod examinandum vel hoc te principium invitat:
Quare magna deum mater, materque ferarum
Et nostri genitrix haec dicta est corporis una
Hanc veteres Graium docti cecinere poetae.
Sedibus in curru biiugos agitare leones, etc.[79] [2: 598-602].

È utile ricordare che Giraldi fu anche uno "storico" *ante litteram* delle letterature antiche, e in quelle opere disegna un ritratto di Lucrezio. Ciò accade nel *De poetarum historia*, precisamente nel *dialogus* IV dove a Lucrezio sono dedicate le colonne 196-198 del grande volume *in folio*. È un medaglione che raccoglie le testimonianze antiche e recenti sull'autore, e vi si trovano i dati usati poi da Patrizi per sostenere che il poema sia "tronco"; qui si ricorda che «Lucillam amicam poculum dedisse Lucretio», e che Varrone gli attribuisce una produzione che non si limita al solo poema; qui si ricordano

---

[76] Ivi, I, 1, 4, p. 3. Il verso del *DRN*, è il 5: 49.
[77] Ivi, II, 10, p. 109. Il verso del *DRN*, è 5: 1282.
[78] Lilius Gregorius Gyraldi, *Opera omnia duobus tomis distincta*, Lugduni Batavorum, Hagkium, Boutesteyn, Vivis, 1696, I, p. 142.
[79] Ivi, p. 143.

altri dati ricavate da Ovidio e da Cicerone e da altre biografie di Lucrezio scritte da altri umanisti[80].

Lo segue Natale Conti (Natalis Comes) che nel 1567 pubblicò le *Mythologiae* in cui le citazioni lucreziane sono numerosissime. Ne diamo due esempi. Il primo è ricavato dal capitolo dedicato a Vulcano:

Si quis cum accensa face fuisset a sequente superatus currendo, lege certaminum cogebatur sequenti accensam lampadem tradere; quam rem indicavit Lucretius in lib. 2 ita scribens:
Et quasi cursores vitai lampada trudunt. [2: 62]
Nam si quis recte considerer, huic certamen simillimam universa vita mortalium videbitur. [...] Verumtamen neque illud est sine controversia, quod Vulcanus ignem primus invenerit; cum illius inventionem nonnulli Prometheo ascribant ac Lucretius multo his probabiliorem inventi ignis rationem attulit in lib. 5:
illud in his rebus tacitus ne forte requiras
Fulmen detulit in terras mortalibus ignem
Primitus, inde omnis flammarum dicitur ardor[81]. [5: 1091-1093]

Il secondo è dedicato a Venere:

Atque haec ea fere sunt, quae de Venere ab antiquis scriptoribus tradita sunt: nunc quid ea significent perquiramus. Nihil est autem aliud Venus, quam occultum coitus desiderium a natura insitum ad procreandum, quod nos non inepte ut arbitror, alicubi ita expressimus illam amorem appellantes:
Nil amor est aliud Veneris quam parva voluptas,
quae simul expleta est, inficit ora rubor
Et Lucretius in libro quarto:
Sic igitur Veneris qui telis accipit ictum,
Sive puer membris muliebribus hunc iaculatur,
Seu mulier toto iactans e corpore amorem
Unde feritur, eo tendit, gessitque coire,
Et iacere humorem in corpus de corpore ductum.
Namque voluptatem praesagit multa Cupido.
Haec Venus est nobis: hinc ductum nomem Amoris[82]. [6: 147-153]

L'elenco di prelievi da Lucrezio non solo è lungo ma è anche generoso nel senso che le citazioni sono di notevole lunghezza: si vedano, ad esempio, il capitolo dedicato a descrivere Giunone; o il racconto di come Prometeo rubò il fuoco agli dei per portarlo all'uomo, oppure la descrizione dei campi Elisi e di Fetonte, e una buona parte dell'"Inno a Venere". Lucrezio si imponeva fra gli *auctores* perché combinava la

---
[80] Si veda Giuseppe Solaro, *Lucrezio. Biografie umanistiche*, Bari, Edizioni Dedalo, 2000. Alle pp. 53-56 riproduce il testo di "Giglio Gregorio Giraldi".
[81] Natalis Comes, *Mythologiae*, Venezia, Comin da Trino, 1568, lib. II, "De Vulcano, c. 46v-47r.
[82] Ivi, lib. V, cap. XIII "De Venere", c. 123v

conoscenza delle credenze antiche e il giudizio morale, due elementi che fungono da assi portanti nelle *Mythologiae*.

Nell'ordine cronologico avremmo dovuto assegnare il secondo posto a Vincenzo Cartari, autore delle *Imagini de i de gli antichi*, in realtà apparso nel 1556 (Venezia, Marcolini); ma quest'opera fu poi espansa dall'autore e pubblicata, sempre a Venezia nel 1587 presso l'editore Ziletti; e fu in questa nuova redazione che *Le imagini* ebbero un successo cospicuo, per cui collochiamo al terzo posto. Presenta i materiali mitografici in forma alquanto diversa da quella di Conti perché è pensata primariamente come un sussidio per l'arte pittorica, e anche per questo legata ai modelli di Alciato e di Piero Valeriani, e non non è un caso se divenne una delle fonti primarie dell'*Iconologia* di Cesare Ripa.

Anche Cartari utilizza Lucrezio, autore dalle spiccate qualità 'visive', data la sua propensione alla *evidentia*. Riportiamo solo qualche esempio.

Et è la imagine di Cibele una medesima con quella della Gran Madre, perché ha parimente il capo cinto di torri, come Lucrezio, parlando di lei dice:
L'alta testa le cinsero et ornaro
Di corone murale, per mostrare
Ch'ella sostiene città, ville e castella
La quale sorte di corona era data anticamente dall'imperatore a chi prima fosse montato per forza su le mura di i nimici.
Ha il carro medesimo tirato da i leoni, che mostra, secondo alcuni che la terra sta nell'aria pendolone, et è sostenuta dalle ruote, perché le si aggirano intorno le celesti sfere del continuo, come mostrano i lioni, animali feroci e impietosi, perché tale è la natura del cielo che circonda l'aere sostenitore della terra, onde appresso di Lucrezio pur anche così si legge:
Questa fecer seder gli antichi Greci
Che poetando scrissero di lei,
Sopra un carrio al cui giogo vanno insieme
Duo feroci leoni, che dimostra
Che per l'aereo campo la gran Terra
Pendendo se ne sta pe se medesma[83].

Cartari traduce i testi latini che cita, e Lucrezio può essere semplicemente ricordato senza riportarne i testi. Scegliamo un esempio che illustra bene l'attenzione di Lucrezio ai dettagli che colpiscono l'occhio del pittore. Si parla della Chimera, già illustrata da Alciato:

---

[83] Si cita da Vncenzo Cartari, *Le imagini de i dei de gli antichi*, a c. di Ginetta Auzzas, Federica Martignoni, Manlio Pastore Stocchi, Paolo Rigo, Vicenza, Neri Pozza, 1996, pp. 190-191, facenti parte del cap. VI, "La gran madre". L'edizione moderna si basa su quella di Venezia, Ziletti, 1587.

Non tacerò la Chimera ancora, mostro in tutto favoloso e finto da i poeti , il quale, secondo che lo descrive Omero e dopo lui Lucretio, aveva il capo di lione , il ventre di capra e la coda di fero drago, e gittava ardenti fiamme dalla bocca, come dice Virgilio ancora, che la mette nella prima entrata dell'inferno con alcuni altri terribili mostri[84].

Con il prelievo dalle *Imagini* di Cartari, chiudiamo la nostra rassegna rapsodica della fortuna di Lucrezio nel campo delle lettere e delle arti. Ora ci spostiamo sul campo che diremo scientifico, e toccheremo così un altro aspetto della poesia "naturalistica" di Lucrezio.

---

[84] Ivi, p. 265. Il passo si trova nel cap. VIII "Plutone".

6. Meteorologia

Le osservazioni meteorologiche (tuoni, fulmini, piogge, venti, terremoti, inondazioni) che Lucrezio distribuì negli ultimi due libri ebbero molti imitatori: ad esempio, Pontano ne fece tesoro nel suo poemetto *Urania*, e Marullo le imitò nei suoi *Hymni naturales*. Ma la pista che vorremmo indicare non è quella degli imitatori, bensì quella dei trattatisti che ci avvicinano in modo più diretto al Lucrezio "naturalista". Nel nostro percorso in campo meteorologico vedremo una parabola che si ripeterà in altri settori: i primi avvertimenti non sono clamorosi, ma crescono quanto più ci avviciniamo alla rivoluzione scientifica. In questo settore, tutta l'attenzione degli studiosi è andata al *De Aetna* di Pontano.

Il trattato meteorologico in cui troviamo i primi echi del *DRN* sono *I Meteori* di Cesare Rao (ca. 1532 - ca. 1588) pubblicati a Venezia nel 1582. L'autore di Alessano in provincia d'Otranto[85], noto per le sue opere paradossali, sembrerebbe il meno qualificato per scrivere un'opera di argomento naturalistico. Le sue menzioni di Lucrezio costituiscono un piccolo giallo il cui imbroglio sarebbe troppo lungo da districare, anche se offrirebbe una mostra della circolazione per vie carsiche di elementi lucreziani, passando da un paese all'altro, da un autore ad un altro.

I Meteori esordiscono con una prefazione in cui l'autore spiega le difficoltà che incontra nel trattare una materia scientifica in una lingua che non ha una tradizione in tal senso. E ricorda una situazione identica a quella descritta nella *Rhetorica ad Herennium*, allora attribuita a Cicerone; ma forse Rao sapeva che Lucrezio prima di Cicerone aveva parlato della *aegestas patrii sermonis* [*DRN*, 1: 830-834 e 3: 260-264]. Notiamo questa possibilità perché potrebbe costituire una tessera nello stabilire il rapporto Rao/Lucrezio. In ogni modo il problema del volgare e il linguaggio scientifico era alquanto attuale ai giorni di Rao[86], e lo era anche in circoli non accademici.

Rao menziona esplicitamente Lucrezio in due occasioni. Una nel trattato primo:

Né mi conturba vedere, che con una certa determinata misura di tempo si fanno questi due movimenti del flusso e riflusso, succedendo l'uno a l'altro con ordine maraviglioso, poscia che in molte altre

---

[85] Su questo autore si rimanda alla voce "Rao, Cesare" nel *Dizionario Biografico degli Italiani*, vol. 86 (2016), curata da Pietro Giulio Riga.
[86] Cfr. Donato Verardi, *I Meteori di Cesare Rao e l'aristotelismo in volgare nel Rinascimento*, «Rinascimento Meridionale», III (2012), pp. 107-120. Sull'aspetto generale del volgare, Donato Verardi, *Lingua italiana e divulgazione scientifica nel Rinascimento. L'esperienza intellettuale di Cesare Rao*, «Esperienze letterarie», 38 (2013), pp. 57-64. Più in generale, Luca Bianchi, *Per una storia dell'aristotelismo 'volgare' nel Rinascimento: problemi e prospettive di ricerca*, «Bruniana & Campanelliana», 15 (2009), pp. 367-385. A p. 378, n. 3, elenca alcuni "volgarizzamenti" delle *Meteorologica*, incluso quello di Antonio Brucioli, del 1555.

cose naturali si veggono ordini, e regole piene di maraviglia, secondo che ben Lucretio molte ne racconta nel suo quinto libro[87].

In effetti nel quinto libro del *DRN* si parla dei moti ripetuti e ciclici, simili a quello degli astri, e si tratta del giorno, della notte e della luna.

La seconda menzione si ha nel trattato sesto al capitolo XI, che è una sorta di elenco enciclopedico di fiumi, fonti, laghi e paludi:

Scrive Plinio nel libro XXXI del lago chiamato Averno presso il mare nel seno di Baia, il quale ha proprietà tale che non mai vi passa sopra augello, che non cada morto ne l'acqua, et così dicono il medesimo avvenire a Pozzuoli. Lucretio Poeta rende la ragion naturale dicendo che per la spessezza de gli alberi, e de la gran ombra, ne esce un vapor sì grosso, e furioso, ch'affoga gli uccelli[88].

Effettivamente Lucrezio dedica a questa fonte ben cento versi [6: 738-839] e solo quattro di questi (740-746)[89] indicano che gli uccelli muoiono, ma non fa menzione dell'aria spessa e dei boschi. Rao ricava la nozione dalla traduzione italiana della *Silva de varia lección* di Pietro Messia:

Di un altro lago in Italia scrive Plinio chiamato Averno, presso il mare nel seno di Baia, il quale ha proprietà tale, che giamai vi passa sopra uccello che non cada morto nell'acqua, et hoggi dicono che il medesimo avviene di Pozzuolo. Lucretio Poeta rende la ragion naturale, dicendo per la spessura de gli alberi, et della grande ombra ne esce un vapor sì grosso, e furioso, che affoga gli uccelli[90].

Il raffronto è ineccepibile, e lo conferma quella variante di "spessura degli alberi" e "spessezza degli alberi". Dunque la presenza di Lucrezio in questo caso non è dovuta ad una lettura diretta. Tuttavia il dato appena rilevato pone nuovi problemi: uno di questi è sapere da dove Mexía riprendeva il riferimento a Lucrezio. Un altro è il seguente: la dipendenza indicata implica che Rao non avesse letto Lucrezio? Al primo rispondiamo che la Spagna ebbe anch'essa la sua particolare tradizione lucreziana, e in questa bisognerà cercare la risposta[91]; quanto al secondo, daremo in seguito alcune

---

[87] *I meteori*, Venezia, Varisco, 1582, Trattato primo, cap. VII, "Del moto de gli elementi", c. 14v. Si cita sempre da questa edizione, l'unica esistente.
[88] Ivi, Trattato sesto, ca. XI "De molti fonti, fiumi, paludi, e laghi, le cui acque hanno maravigliose proprietà e virtù", c. 100v.
[89] Tutte le citazioni lucreziane sono tratte dall'ed. curata da J. Martin, Stuttgart, Teubner, 1969 (ristampa della lipsiense del 1963); ma, come abbiamo detto nella prefazione, le citazioni presenti nei testi che riportiamo rimangono nella forma presentata dagli autori.
[90] Pietro Messia, *Selva rinnovata di varia lettione*, trad. di Mambrino Roseo e Francesco Sansovino, Venezia, Bartolomeo Dei, 1616; Parte seconda, cap. 28 "Di molti laghi et fonti, le cui acque hanno maravigliose proprietadi", p. 223. Ricordiamo che l'originale, *Silva de varia lección*, apparve nel 1540, ma poi con l'aggiunta di una quarta parte uscì nel 1550-1551. La traduzione italiana di Francesco Sansovino apparve a Venezia, Tramezzino, nel 1560. Noi citiamo dall'ed. ricordata perché contiene anche la traduzione dei *Dialogos* dello stesso Mexía fatta da Alfonso Ulloa alla quale presto faremo riferimento.
[91] Per il momento rimandiamo ad Angel Jacinto Traver Vera, *El sabio epicúreo en Lucrecio II 1-13. Fuentes y recepción en los Siglos de oro españoles*, in *El retrato literario, tempestades y naufragios, escritura y reelaboración. Actas del XII Simposio de la Sociedad Española de Literatura General y Comparada*, a cura di Pablo Luis Zambrano Carballo, Miguel

prove che Rao lesse il *De Rerum Natura*. Per il momento ricordiamo che quella menzionata non è l'unica prova di plagio. Da Mexía l'autore pugliese riprende almeno altre tre similitudini che ci limitiamo a segnalare. Le prime due sono contigue e riguardano il suono del tuono paragonato prima allo strappo di una cartapecora, e quindi a quello del ferro rovente immerso nell'acqua[92] — corrispondenti rispettivamente a *DRN* 6: 111-113 e 6: 148-149 —; ma questa volta l'opera di Mexía usata come fonte sono i suoi *Diálogos* nella traduzione italiana[93]. Ancora un'immagine riguardante la differenza di tempo tra visione del fulmine e la percezione del tuono, simile a quella di uno spaccalegna visto da lontano di cui prima scorgiamo l'accetta che scende e poi sentiamo il suono — presente in Lucrezio, [6: 160-172] e in Rao, (ca. 133r) ma anche in Mexía, dal quale dipende il pugliese Rao (*Dialoghi*, cit., p. 89) —. Ci sono però due similitudini che sono ricavate da Lucrezio senza l'intermediario di Mexía: una riguarda il suono del terremoto simile a quello delle ruote del carro sul selciato [c. 132v = *DRN*, 6: 548-549], e un'altra che compara il suono del tuono a quello di una vescica che scoppia [c. 132 = 6: 129-131]. Ci sembra una prova che Rao leggesse il *DRN*, sempre che anche in questo caso non si rifaccia ad altri intermediari che non conosciamo. Lo scrittore pugliese però ha il merito di farci intravvedere una pista che si immaginerebbe feconda di echi. E con questa ipotesi di lavoro, abbiamo sfogliato molte opere meteorologiche che abbondarono nel secondo Cinquecento, sia in volgare — opere di Fausto da Longiano, di Francesco di Vieri, di Annibale Romei, di Alessandro Maffei, di Nicolò Vito di Gozze, di Tommaso Tommai e numerosi altri[94] — sia in latino — bastino come esempio i quattro ponderosi studi di Ludovico Boccadiferro dedicati a ciascuno dei quattro libri dello Stagirita —; ma la nostra ricerca è stata infruttuosa. Per buona sorte ci ripaga l'improvvisa apparizione dopo qualche decennio di un trattato ricco di prestiti lucreziani. È un'opera del napoletano Giovanni Battista della Porta.

Il *De aeris transmutationibus* di Della Porta apparve nel 1610 a Roma presso l'editore Bartolomeo Zanetti, quindi a ridosso del giudizio di Costantino de' Notari, e a quasi

---

Ángel Márquez Guerrero, Antonio Ramírez de Verger, Jaén, Universidad de Huelva, 2000, pp. 449-457. Jacinto Vera annuncia la pubblicazione della sua tesi di dottorato che dovrebbe coprire il tema dall'antichità (almeno da Isidoro) ad oggi. Di questo lavoro per il momento è accessibile *online* solo l'indice, e non sappiamo se vi si considerino i testi di Mexía. Al *dossier* ispano-italiano possiamo aggiungere una tessera dovuta a Francisco Sánchez, El Brocense, nel commento agli *Emblemata* di Alciati, precisamente all'emblema 146, *Consiliarii principum*, in cui si citano i versi di Lucrezio relativi al Centauro [5: 878-91]. Cfr. Andreae *Alciati emblemata cum commentariis Claudii Minois L.C, Francisci Sanctii Brocensis et notis Lurentii Pignorii patavini*, Padova, Tozzi, 1621, p. 625b. L'immagine del Centauro simbolo del principe uomo/bestia ricorda quella del *Principe* di Machiavelli (cap. 18).
[92] Trattato ottavo, cap. 1, "Del tuono, e lampo", cc. 130v-131r.
[93] Pedro Messia, *Dialoghi*, trad. Ulloa che, come abbiamo detto, sono stampati all'interno della *Selva rinnovata*, cit. con numerazione propria, e qui il passo che ci interessa è a p. 88.
[94] Dati su questa letteratura si trovano in Craig Martin, *Meteorology for Courtiers and Ladies: Vernacular Aristotelianism in Renaissance Italy*, «Philosophical Readings, online Journal of Philosophy», 2/2 (2012), pp. 3-14; e dello stesso autore ma con una veduta generale sulla disciplina, *Renaissance Meteorolgy. Pomponazzi to Descartes*, Baltimore, Johns Hopkins Universituy Press, 2011.

trent'anni di distanza dai *Meteori* di Rao. È dedicato a Federico Cesi, il fondatore dell'Accademia dei Lincei, e pertanto si pone sotto l'auspicio di un autentico cultore delle scienze naturali. Ad esse Della Porta dedicò gran parte della sua attività, benché non goda di grande credito fra gli specialisti per l'uso di elementi magici e "istrionici"[95]. Qualunque sia il merito scientifico del *De aeris transmutationibus*, è chiara la sua dipartita radicale dal sistema idrodinamico dei *Meteora* di Aristotele, caposaldo per molti secoli della scienza meteorologica occidentale, inclusa quella araba. In quel sistema, l'atmosfera è generata dalle "esalazioni" dalla terra e dal mare, e le "zone" atmosferiche, nettamente separate, sono dovute al grado di densità dell'aria che, a sua volta, determina il movimento dell'atmosfera. Della Porta invece ritiene che i movimenti dell'atmosfera siano dovuti al calore del sole, e in questo è vicino a Telesio. Lucrezio, come Epicuro, non nega i principi generali aristotelici, ma sottolinea con maggior forza gli aspetti dell'osservazione empirica o sensoriale e dà un peso minore ai principi fisico-matematici di quanto non facciano i peripatetici[96]. Ritiene inoltre che la spiegazione dei fenomeni meteorologici serva a fugare tanti timori suscitati dai *mirabilia* che spesso vengono interpretati come manifestazioni del divino. E basterebbe quest'ultimo aspetto per giustificare l'utilità della scienza meteorologica, come sottolinea Della Porta nel suo primo capitolo, "De huis scientiae utilitate"[97], dove invoca, non a caso, l'*auctoritas* di Lucrezio, il quale con il suo poema dissolve la credenza che tuoni e fulmini e altri eventi naturali siano segni di origine divina:

Preterea portenta hac homines ad deorum timorem et amorem inducunt, ut perbelle hos Lucretius annuit:
Cetera, quae fieri in terris caeloque tuentur
Mortales, pavidis cum pendent mentibus saepe
Efficiunt animos humiles, formidine divum
Depressoque premunt ad terram propterea quod
Ignorantia causarum conferre deorum
Cogit ad imperium res et concedere regnum.
Quorum operum causas nulla ratione videre
Possunt ac fieri divino numine rentur. [6: 50-7]

---

[95] L'aggettivo è di Sergius Kodera, *Giovan Battista della Porta's Histrionic Science*, Berkeley, California Italian Studies, 2012, che lo intende nel senso di "teatrale" o al modo di "presentare la scienza al pubblico delle corti". Lo stesso autore ha curato la voce "Della Porta, Giovanni Battista" per la *Stanford Encyclopedia of Philosophy* dove non menziona neanche in bibliografia il *De aeris transmutationibus*. Indispensabile per la valutazione culturale di quest'opera è lo studio di Arianna Borrelli, *Heat and Moving Spirits in Telesio's and Della Porta's Meteorological Treatises*, in *Bernardino Telesio and Natural Science in the Renaissance*, a cura di Pietro Daniel Omodeo, Leiden-Boston, Brill, 2019, pp. 66-95. Borrelli prende a base della sua ricerca l'edizione di Paolella (vedi *infra*) ma non presta alcuna attenzione alla presenza di Lucrezio.
[96] Si veda Frederik Bekker, *Epicurean Meteorology*, Leiden-Boston, Brill, 2016.
[97] Giovan Battista della Porta, *De aeris transformationibus*, a cura di Alfonso Paolella, I, 1, Napoli, Edizioni Scientifiche Italiane, 2000, p. 13. Tutti i riferimenti sono a quest'edizione.

E al capitolo IV, "De aeris proprietatibus", altre due corpose citazioni di Lucrezio:

Et Lucretius ad id:
nam calefacta vides ardescere, plumbea vero
Glans enim longo cursu vellenda liquescit. [6: 178-179]
Et alibi:
Nam longe alia ratione ac plumbea saepe
Fervida fit glans in cursu, cum multa rigoris
Corpora dimittens, ignem concepit in auris.
Fit quoque ut ipsius plagae vis excitet ignem,
Frigida cum venti pepulit vis missa sine igni,
Nimirum quia, cum vehementi perculit ictu,
Confluere ex ipso possunt elementa vaporis
Et simul ex illa quae tum res excipit ictum[98]. [6: 306-313]

Abbiamo citato per esteso, ma non lo faremo per tutti i casi in cui Lucrezio viene ricordato: sono così numerosi che formerebbero un opuscolo. Ne diamo invece l'elenco perché si visualizzi l'ingente presenza lucreziana, indicando prima il tema, poi il *locus* nel *De aeris transmutationibus* (libro, capitolo e pagina) e quindi i versi del *DRN*, e ovviamente escludiamo i passi appena citati:

De Typhone vento, latine procella [I, 26, p. 69 = *DRN*, 6: 438-442; I, 26, p. 70 e sg. = *DRN*, 6: 423-442]; *De nube maiorum opiniones et confutationes* [II, 2, pp. 87 e sg. = *DRN*, 6: 451-467]; *De pluvia maiorum nostrorum opiniones et nostra* [II, 3, p. 80 = *DRN*, 6: 495-516]; *De finali tonitrui causa* [III, 8, p. 137 = *DRN*, 6: 379-396]; *De tonitruo maiorum opinionis et confutationes* [III, 9, p. 138 = *DRN*, 6: 204-210; III, 9, p. 140 = *DRN*, 6: 145-149; III, 9, p. 141 = *DRN*, 6:137-142; III, 9, p. 143 = *DRN*, 6: 116-120]; *Aristotelis opinio et reliquorum confutatio* [III, 10, p. 144 = *DRN*, 6: 130-131, 150-155, 160-172]; *De variis fulminum problematibus* [III, 12, p. 152 = *DRN*, 6: 357-378]; *Aliquot fulminum miracula* [III, 14, p. 156 = *DRN*, 6: 348-356]; *De maris origine et loco maiorum opinionum* [IV, 2, p. 167 = *DRN*, 6: 608-630]; *De fluminum scatebris theologorum opiniones* [IV, 17, p. 191 = *DRN*, 6: 631-638]; *Lucretii et alienorum sententiae de Nili inundatione* [IV, 29, p. 212 = *DRN*, 6: 712-714, 715-728, 735-737]; *De subterraneis ignibus maiorum opiniones* [IV, 34, p. 223 = *DRN*, 6: 680-700]; *De terremotu* [IV, 36, p. 225 = *DRN*, 6: 565-577]; *Democriti, Thaletis et Lucretii opiniones, terremotus causam in aquis ponentium et earum confutationes* [IV, 38, p. 229 = *DRN*, 6: 552-556]; *Anaximenis, Asclepiodori et Lucretii opiniones terram esse terraemotus causam et earum confutationes* [IV, 39, p. 231 = *DRN*, 6: 544-551]; *Archelai, Callisthenis, Metrodori et Lucretii opiniones aerem esse terraemotus causam ponentium et earum confutationes* [IV, 40, p. 233 e sg. = *DRN*, 6: 577-584]; *Aristotelis*,

---

[98] Ivi, pp. 17-18.

Theophrasti, Possidonii et Stratonis de terremotus causa opiniones et earum confutationes [IV, 42, p. 237 e sg. = *DRN*, 6: 557-564]; *Cur post terremotus pestilentia oriatur* [IV, 50, p. 253 = *DRN*, 6: 806-817].

Come si vede, le citazioni, spesso alquanto estese, sono ricavate tutte dal sesto libro del *DRN*, e da quanto si può dedurre dai titoli, non sono tutte accompagnate da consenso per le tesi lucreziane. Il che, però, non ha per noi grande rilevanza dal momento che ci interessa mostrare soltanto che la presenza di Lucrezio era ben viva prima che si arrivasse alla "scoperta" del secondo Seicento, ed era soprattutto una presenza che animava le discussioni. Lasciamo agli specialisti il compito di analizzare il contributo lucreziano nel pensiero di Della Porta e valutare se questo fu pari al volume delle citazioni. Affermiamo, però, che l'entità del contributo e dell'impegno fanno presentire come imminente la riscoperta di Lucrezio, e la ricerca condotta su questa pista produrrà altre testimonianze lucreziane. Possiamo ricavare tale previsione considerando che i pochi accenni visti nei *Meteori* di Cesare Rao promettevano altri rinvenimenti, ma non immaginavamo che sarebbero stati così cospicui[99].

---

[99] Non ci occupiamo in questo lavoro dell'attenzione che la disciplina della "optica" riservò a Lucrezio. Tuttavia ricordiamo almeno che Della Porta ne cita l'*auctoritas* [*DRN*, II, 798-809] nel *De refractione optices parte libri novem*, IX, 2, Napoli, Carlino e Antonio Pace, 1593, p. 19: Della Porta, evidentemente, era un lettore assiduo e attento di Lucrezio.

7. Generazione spontanea, mostri e peste

Un'altra pista di ricerca potrebbe essere quella della "madre natura" generatrice degli uomini. Quel "mater natura" sarà da interpretare come "materies natura", intendendo la "materia" come la radice prima della vita? Lucrezio affronta il problema nel libro quinto quando dice:

tum tibi terra dedit primum mortalia saecla.
multus enim calor atque umor superabat in arvis,
hoc ubi quaeque loci regio opportuna dabatur,
crescebant uteri terram radicibus aptiquos ubi
tempore maturo patefacerat aetas
infantum, fugiens umorem aurasque petessens,
convertebat ibi natura foramina terrae
et sucum venis cogebat fundere apertis
consimilem lactis, sicut nunc femina quaeque
cum peperit, dulci repletur lacte, quod omnis
impetus in mammas convertitur ille alimenti.
terra cibum pueris, vestem vapor, herba cubile
praebebat multa et molli lanugine abundans.
at novitas mundi nec frigora dura ciebat
nec nimios aestus nec magnis viribus auras.
omnia enim pariter crescunt et robora sumunt.
Quare etiam atque etiam maternum nomen
adepta terra tenet merito [5: 805-822].

Il principio biologico contenuto in questi versi era di portata grandissima e il passo lucreziano ha sollecitato numerose interpretazioni moderne[100]. Basti dire che contraddiceva la tesi cristiana della creazione di Adamo, la quale, però, conosceva anche la tradizione che Dio avesse creato il primo uomo dal fango[101]. I contributi italiani favorevoli all'idea della creazione spontanea sono notevoli e numerosi, e ricordiamo solo il *De spontaneo viventium ortu* di Fortunio Liceti, opera imitata poi anche nel titolo da Daniel Senneret[102]. Liceti cita Lucrezio varie volte, prima ricordando come "suavissime suo more" descriva la peste che porta alla distruzione della memoria (cita 6: 1213-1214)[103], poi un'altra volta nel quarto libro riferendo esplicitamente le idee lucreziane sulla generazione spontanea:

---

[100] Per indicazioni bibliografiche, si veda Michael Pope, *Embryology, female semina and male vincibility in Lucretius* De rerum natura, «Classical Quarterly», 69 (2019), pp. 229-245.
[101] Sull'argomento si veda P.H. Schrijvers, *Lucrèce et les sciences de la vie*, Leiden, Brill, 1998.
[102] Si veda, Hiro Hirai, *Atomes vivants, origine de l'âme et generation spontanée chez Daniel Sennert*, «Bruniana & Campanelliana», 13 (2007), pp. 477-495.
[103] Fortunio Liceti, *De spontaneo viventium ortu*, I, 33, Vicenza, Bolzeta, 1613, p. 39.

Politissimus idemque purissimus Latinae linguae fons noster Lucretius etiam spontaneum inanimis attribuit suavissime concinens
Nec quum subsiliunt ignes ad tecta domorum
Et celeri flamma degustant ligna, trabesque
Sponte sua facere id fine vi subigente putandum est[104]. [2: 191-193]

Tale tesi viene ripudiata con forza dalla linea cristiana, di cui riportiamo una testimonianza di Simone Maioli:

Alii certiis conversionibus coeli, et astrorum motibus, dixerunt maturitatem quandam extitisse animalium ferendorum: itaque terram novam semen genitale retinentem, folliculos ex se quosdam in uterorum similitudinem protulisse, cum quibus et delirans Lucretius: *Crescebant uteri terra radicibus imis* [5: 808]. Eosque cum maturuissent, natura cogente ruptos animalia tenera profudisse. Deinde terram ipsam humore quodam, qui esset lacti similis, exuberasse, eoque alimento animantes esse nutritos. Quod vero non de brutis dumtaxat animantibus, sed de homine locutus fuerit Lucretius ex sequenti eiusdem carmine clare elicitur:
maternum nomen adepta
Terra tenet merito, quoniam genus ipsa creavit
Humanum, atque animal prope certo tempore fudit
Omen, etc.[105] [5: 821-4]

La teoria della generazione spontanea dell'uomo venne superata nel Seicento dalle grandi scoperte embriologiche che in Italia ebbero campioni come Francesco Redi, i cui esperimenti dimostrarono che la generazione *ex materia putrida* era semplicemente una credenza popolare e superstiziosa.

Da affiancare ai temi biologici sono le discussioni sui mostri di cui si occupa anche Lucrezio. A questo proposito ricordiamo che Benedetto Varchi in una sua lezione fiorentina, trattando dei mostri, cita Lucrezio, il quale da poeta avrebbe creduto che:

Atlante reggesse il cielo colle spalle, che Encelado rivolgendosi sotto Mongibello facesse tremare tutta Cecilia [...] ma quando ebbe a favellare come filosofo disse nel primo libro, quasi volendo rimproverare quello n'haveva letto et sentito
Denique cur homines tantos Natura creare
Non potuit, pedibus per pontum qui vada possent
Transire, et magnos manibus divellere montes
Multaque vivendo vitalia vincere secla?[106]. [1: 199-202]

---

[104] Ivi, IV, 1, p. 252 sg. Il testo di Lucrezio ha "tigna" e non "ligna".
[105] Simone Maioli, *Dies caniculares*, colloquium II, "De hominis creatione, lapsu, generatione et educatione", Magonza, Schoenwetter, 1616, p. 51 sg. La prima ed. è del 1597.
[106] Benedetto Varchi, *Prima parte delle lezioni nella quale si tratta della Natura, della generazione del corpo umano, e de' mostri*, Firenze, Giunti, 1560, c. 127v.

Del problema, contestando l'*auctoritas* di Lucrezio a proposito dei mostri e in particolare del centauro, si occupa Tasso nel suo dialogo *Il messaggero*:

Lucrezio, il quale come tu sai, fu più filosofo che poeta, negando che i centauri e sì fatte spezie miste si possano ritrovare, manifestamente a l'isperienza ripugna; percioché non solo da' cavalli e da gli asini nascono i muli, ma da' lupi e da le cagne nasce quell'animale che in sembianza il cane ritiene non so che di lupo, il quale è detto licisca [...]. Nè la ragione che Lucrezio adduce è di alcun valore perciochè egli dice che, se possibil fosse che di due spezie diverse nascesse una spezie mista, ne seguirebbe che l'animale nel fior de la sua gioventù invecchiarebbe, essendo l'uomo di venticinque anni giovinetto e 'l cavallo decrepito: onde se 'l centauro si ritrovasse, egli sarebbe in un medesimo tempo, per la discordanza de' semi e de' principi naturali, sarebbe ne la gioventù e nell'estrema vecchiaia[107].

Matteo Naldi nella sua *Pamphilia* tratta dei problemi della generazione e cita Lucrezio:

Ex homine humanum semen ciet una hominis vis
Quod simul atque suis eiectum sedibus exit
Per membra, atque artus decedit corpore toto
In loca conveniens nervorum certa, cietque
Continuo partes[108]. [4:1037-41]

Nella stessa opera parla dei Centauri, e tende a credere a Lucrezio:

Si usquam Centauri apparuere, non genus hominum , sed monstrum in humano, aut ferino genere credendum est
Sed neque centauri fuerant, [5: 878]
ait Lucretius, id crederem potius, cum principium homines equo ascenderent ea figura caeteris apparuisse quasi promiscua et coniuncta[109].

Con molta probabilità la ricerca sulla letteratura taratologica potrebbe arricchire il repertorio delle citazioni lucreziane. Lo stesso si può supporre per la letteratura medica in generale. Lo fa sospettare il fatto che un esperto in materie mediche quale era Girolamo Mercuriale non esitasse a ricordare l'autorevolezza di Lucrezio per emendare i testi di Ippocrate e di Aristotele e altri. Lo capiamo solo al vedere i titoli dei capitoli delle *Variarum lectionum libri quatuor* dove viene allegata tale *auctoritas*. Ad esempio: I, 1: "De oesophago, et stomacho locus Galeni emendatus, et Aristoteli conciliatus, Lucretius defensus, Pollucis locus correctus, et alter Hippocratis indicatus de concoctione" (a c. 2r si cita *DRN*, 4: 1169); IV 16: "Loci Hipp[ocrati] restituti et collati Lucretio, Arist[totelis] loco restitutus, et alter defensus" dove si cita *DRN*, 4:

---

[107] Torquato Tasso, *I dialoghi di Torquato Tasso*, a cura di Cesare Guasti, Firenze, Le Monnier, 1858, vol. I, p. 246.
[108] Matteo Naldi, *Pamphilia mundi universi amicitia*, Siena, Bonetto, 1647, lib.II, 18, p. 75.
[109] Ivi, lib.II, 4, p. 48.

1040- 1043, a p. 117. Lucrezio è molto presente e lo confermano varie citazioni come quella di ben 48 versi [6: 1090-1137] nel libro VI (p. 78 e seg.)[110].

La letteratura sulla peste promette qualche recupero. Così lascia pensare un primo cenno da parte di Filippo Beroaldo risalente al 1505. Nel *De terraemotu et pestilentia* leggiamo, dopo una citazione da Virgilio:

Consimiliter Lucretius inquit:
Et, cum spirante mixtas hinc ducimus auras
Illa quoque in corpus partier sorbere necesse est
Consimili ratione venit bobus quoque sepe
Pestilitas etiam pigri balantibus egri[111] [6:1138-1141].

E non può mancare Benedetto Varchi:

Alcuna volta pecca la memoria senza altro, come avvenne in quella famosissima peste raccontata divinamente prima da Tucidide, poi da Lucrezio nell'ultima fine de' suo divinissimi libri la qual per ventura andò imitando Boccaccio nelle sue Dieci Giornate, nella quale moria molti degli appestati si dimenticavano d'ogni cosa, infino dei propri nomi loro, come testimonia Lucrezio quando dice:
Atque etiam quosdam coepere oblivia rerum
Cunctarum neque se possent cognoscere ut ipsi[112]. [6: 1213-1214]

È interessante che Varchi associ il "farneticare" alla peste. Quanto alla perdita della memoria e allo stato degli ebeti dovuti alla balbuzie, offre supporto il testo di Lucrezio usato dal giurista milanese Polidoro Riva in un'opera che sembra portarci alquanto lontano dalle piste consuete. Nel suo voluminoso *De actis in mortis articulo comentarii,* leggiamo:

Illud enim interest inter adulescentem puerum et senescentem virum, quod in illo mens atque intellectus firmior in dies redditur, hebescit paulatim mens, intellectus minutiam languet, ut pulchre scribit Lucretius, lib. 3:
Praeterea gigni pariter cum corpore et una
crescere sentimus pariterque senescere mentem.
Nam vel ut infirmo pueri teneroque vagantur
corpore, sic animi sequitur sententia tenvis.
Inde ubi robustis adolevit viribus aetas,
consilium quoque maius et auctior est animi vis.
post ubi iam validis quassatum est viribus aevi
corpus et obtusis ceciderunt viribus artus,
claudicat ingenium, delirat lingua [labat] mens,

---

[110] Gerolamo Mercuriale, *V ariarum lectionum libri quatuor*, V enezia, Percacino, 1570.
[111] Filippo Beroaldo, *De terraemotu et pestilentia*, Bologna, Benedictis, 1505, c. BIIIIv.
[112] Benedetto Varchi, "Che cosa sia propriamente ed onde proceda il *farneticare*", in *Opere*, cit., tomo 2, p. 745.

omnia deficiunt atque uno tempore desunt, [3: 445-454]
Senescentem instar infirmus prolabitur. Quamobrem idem Lucretius eodem lib. 3 sic habet:
Quin etiam subito vi morbi saepe coactus
ante oculos aliquis nostros, ut fulminis ictu,
concidit et spumas agit, ingemit et tremit artus,
desipit, extentat nervos, torquetur, anhelat
inconstanter, et in iactando membra fatigat,
ni mirum quia vis morbi distracta per artus
turbat agens animam, spumans [ut] in aequore salso
ventorum validis fervescunt viribus undae.
Exprimitur porro gemitus, quia membra dolore
adficiuntur et omnino quod semina vocis
eliciuntur et ore foras glomerata feruntur
qua quasi consuerunt et sunt munita viai.
Desipientia fit, quia vis animi atque animai
conturbatur[113] [3: 487-500].

Una perlustrazione più accurata o semplicemente più fortunata (spesso capita di scoprire testi di cui non si sospetta neppure l'esistenza) potrebbe produrre ulteriori materiali. Per il momento sono preziosi i dati che Marco Beretta[114] ricava dal medico Alfonso Maria Borelli, *Della cagione delle febbri maligne della Sicilia negli anni 1647 e 1648* (Cosenza, Rosso, 1649) che rimanda varie volte all'ultimo libro del *DRN*, dedicato alla peste.

---

[113] Polidoro Riva, *De actis in mortis articulo commentarii*, Francoforte, N. Basseus, 1600, p. 439 sg.
[114] Marco Beretta, *Gli scienziati e l'edizione del De rerum natura*, in *Lucrezio - La natura e la scienza*, a cura di Marco Beretta e Francesco Citti, Firenze, Olschki, 2008, pp. 177-224. A Borelli sono dedicate in particolare le pp. 189-191.

8. Il magnete

La presenza di Lucrezio va cercata nei trattati sul magnetismo non foss'altro perché sarebbe stato il primo ad indicare l'etimologia del nome "magnete" riportandolo alle sue origini geografiche:

Quam magnetam vocant patrio de nomine
Magnetum quia fit patriis in finibus ortus [6: 908-909].

Lo notava Filippo Beroaldo agli inizi del Cinquecento:

Baraclius lapis de his qui ad se omnes trahunt ut magnes trahit ferrum; vocat autem berclius ab beraclia civitate Lydie, vel ut alii tradunt, Magnesie ubi laudatissimus Magnes gignitur, unde et nomen quod et Lucretius evidenter ostendit his versibus:
Quem magnetam vocant patrio de nomine graij
Magnetum quia fit patrijs in montibus ortus[115]. [5: 878-9]

E i versi lucreziani che lo provano sono ricordati dal ferrarese Niccolò Cabeo nella sua *Philosophia magnetica*[116]. Questi cita e commenta un ampio passo dal *De rerum natura* fondamentale per l'atomismo in quanto spiega i concetti del vuoto e dell'attrazione degli atomi:

Principio fluere e lapide hoc permulta necessest
semina sive aestum, qui discutit aera plagis,
inter qui lapidem ferrumque est cumque locatus.
Hoc ubi inanitur spatium multusque vacefit
in medio locus, extemplo primordia ferri
in vacuum prolapsa cadunt coniuncta, fit utque
anulus ipse sequatur eatque ita corpore toto.
Nec res ulla magis primoribus ex elementis
indupedita suis arte conexa cohaeret
quam validi ferri natura et frigidus horror.
quo minus est mirum, quod ducitur ex elementis,
corpora si nequeunt e ferro plura coorta
in vacuum ferri, quin anulus ipse sequatur;
quod facit et sequitur, donec pervenit ad ipsum
iam lapidem caecisque in eo compagibus haesit. [6: 1002-1015]

---

[115] Filippo Beroaldo, *De terraemotu et pestilentia*, Bologna, Benedictis, 1505, c. DIIv.
[116] Niccolò Cabeo, *Philosophia Magnetica in qua magnetis natura penitus explicatur*, Ferrara, Suzzi, 1629, I, 1, p. 2.

In questi versi è adombrata la teoria "corpuscolare" alla quale Cabeo aderisce pur se dissente dalla teoria aristotelica sulla materia[117], ed è comunque compatibile con la *phyisica particularis* che i gesuiti insegnavano nei loro corsi e che preparava il terreno per un tipo di fisica sperimentale.

Cabeo si serviva delle opere di Leonardo Garzoni[118] e di William Gilbert[119], ma era sotto ogni rispetto uno studioso ferratissimo anche in fatto di meteorologia, come prova il suo *In quatuor libros metereologicorum Aristotelis commentaria* (Roma, Corbelletto, 1646), e presenta già vedute scientifiche di natura sperimentale[120]. Ma già prima degli autori ricordati, l'importanza di Lucrezio nel campo del magnetismo non era sfuggita a Giovambattista Della Porta, che alla calamita dedica tutto il settimo libro del suo *Magia naturalis*[121]. Nel cap. 25 "Quod magnetis virtus per ferri frastula transmittatur", spunta la seguente citazione di Lucrezio:

Unde longa plerumque concatenario ferri, et annulorum invicem pendet, et omnibus his ex illo lapide vis attrahitur. Lucretius etiam hanc vim novit:
Hunc homines lapidem mirantur, quippe catenam
Saepe ex anellis reddit pendentibus ex se
Quinque etenim licet interdum, pluresque videre
Ordine demisso levibus jactarier hamis
Unus ubi ex uno dependet subter adherens
Ex aliaquaque alius lapida vim, vinclaque nascit.

---

[117] Vedi Craig Martin, *With Aristotelians like These, Who Needs Anti-Aristotelians? Chymical Corpuscular Matter Theory in Niccolò Cabeo's Meteorology*, «Early Science and Medicine», 11 (2006), pp. 135–161.

[118] Leonardo Garzoni, *Due trattati sopra la natura, e le qualità della calamita*, composti attorno al 1580 e rimasti inediti, ma comunque circolavano. Ora si consultano nell'edizione di Monica Ugaglia, *Trattati della calamita*, Milano, Franco Angeli, 2005; qui a p. 214 c'è un rimando all'*auctoritas* di Lucrezio. Della Ugaglia si veda anche *The Science of Magnetism before Gilbert. Leonardo Garzoni's Treatise in the Loadstone*, «Annals of Science», 63 (2006), pp. 59–84. Sull'ambiente che si occupava dei temi del magnetismo si veda in generale Christoph Sander, *Early-Modern Magnetism: Uncovering New Textual Links between Leonardo Garzoni SJ (1543–1592), Paolo Sarpi OSM (1552–1623), Giambattista Della Porta (1535–1615), and the Accademia dei Lincei*, «Archivum Historicum Societatis Iesu», 85 (2016), pp. 303–363: è un articolo fondamentale sia per la storia dei "plagi" sia per le scoperte nel campo dei testi e dei manoscritti. Dello stesso autore si veda ora *Magnes: Der Magnetstein und der Magnetismus in den Wissenschaften der Frühen Neuzeit*, Leiden–Boston, Brill, 2020.

[119] William Gilbert, *De magnete, magneticisque corporibus et de magnete tellure. Physiologia nova, plurimis et argumentis et experimentis demonstrata*, Londra, Short, 1600. Gilbert cita varie volte Lucrezio: p. 3 (riporta la spiegazione che il poeta "secta Epicuri" dà dell'attrazione magnetica); p. 8 (origine del nome da Magnesia); pp. 40-50 (perché il movimento dell'attrazione magnetica non può essere se non in linea retta e in certe condizioni atmosferiche). Ricordiamo, in via eccezionale l'opera di Gilbert perché fu presto conosciuta in Italia ed è spesso discussa da Cabeo. Inoltre "l'interprete" o traduttore italiano del *Magia naturalis* inveisce spesso contro Gilbert che avrebbe plagiato Della Porta e lo avrebbe insultato (*Della magia naturale libri XX*, Napoli, Carlino e Vitale, 1611). Il traduttore o "interprete" Giovanni De Rosa è probabilmente uno pseudonimo dello stesso Della Porta (cfr. Louise George Clubb, *Giambattista della Porta, Dramatist*, Princeton, Princeton University Press, 1965, p. 35). Per la conoscenza degli autori italiani all'estero e per il loro contributo alla storia del magnetismo, si rimanda all'informatissimo Christoph Sanders, *art. cit.*

[120] Si veda *Dizionario Biografico degli Italiani*, vol. XV, Roma, Istituto della Enciclopedia Italiana, 1972; Ugo Baldini, *Legem impone subactis: Studi su filosofia e scienza dei Gesuiti in Italia 1540–1632*, Roma, Bulzoni, 1992.

[121] Io Batp. Portae, *Magiae naturalis libri XX*, Napoli, Salviano, 1589. Qui il lib. VII, "De mirabilis magnetis", pp. 127-149, e a p. 139 si citano i versi di Lucrezio [6: 910-916]. Una versione precedente dell'opera dellaportiana appare nel 1558 in quattro libri e non conteneva il libro che qui citiamo.

Usque adeo permanant, et vis praevalit ejus[122]. [6: 910-916]

Non procediamo oltre a vedere gli sviluppi delle ricerche sul magnetismo attuate in Italia — si pensi a Leone Allacci, bibliotecario alla Vaticana, a Cristoforo Clavio e a Athanasius Kircher, entrambi professori al Collegio Romano — dove i rimandi e le citazioni di Lucrezio sono frequenti. A noi premeva dimostrare soltanto che percorrendo la pista del "magnetismo" troviamo testimonianze che presentano sotto una luce nuova la fortuna di Lucrezio nel secolo fra il secondo Cinquecento e i primi del Seicento. Aggiungiamo, semmai, che la maggior parte degli autori qui ricordati erano gesuiti, e si interessavano particolarmente al magnetismo per combattere le teorie copernicane, convinti com'erano che la forza geomagnetica dipendesse in gran parte dalla posizione della terra nel cosmo.

---

[122] Ivi, p. 1.

9. Sogni e i sensi esterni

Un'altra pista da seguire sarebbe quella della letteratura dei sogni. Era un campo molto frequentato (Artermidoro Daldiano, Cipriano Giambelli, Paolo Grassi...) per le funzioni che al sogno venivano assegnate, ora di messaggio divino ora di premonizione ora di semiotica medica in quanto non mancava chi vedesse i sogni come effetto di un malessere fisico. Lucrezio sostiene l'eziologia fisiologica, e in questo senso fa pensare la seguente citazione che si trova nel *Lume notturno* di Cesare Merli, del 1614, in un capitolo "Della causa efficiente interna de sogni animali", in cui riporta i versi lucreziani:

> Hora, cominciando dalle cause interne de' sogni spettanti all'anima sensitiva, dico, che queste sono gli affetti, e le passioni dell'animo nostro, come amori, desideri, odij, cogitationi, pensieri, e simili; e di questi parlò in proposito Terentio in un verso fatto volgare, che così dice:
> Quel che vegliando vuoi dormendo sogni.
> E Lucretio in quei versi:
> In somnis eandem plerosque videmus obire
> Causidicos causa agere, et tempore lites[123] [4: 965-966].

Gli stessi versi e una sequenza simile sono riportati nel *Serraglio degli stupori del mondo* di Tomaso Garzoni. Quest'opera, iniziata da Tomaso, fu integrata e portata a termine dal fratello Bartolomeo che gli sopravvisse. L'opera è divisa in appartamenti a loro volta suddivisi in stanze. Nell'"appartamento dei sogni" e nella "stanza terza", Bartolomeo integra il testo del fratello con quest'aggiunta:

> E Lucrezio mostrò d'haverla [in un verso di Terenzio] conosciuta in quei versi:
> In somnis eadem plerosque videmus obire
> Causidicos causas agere, et componere leges
> Induperatores pugnare, et praelia obire;
> Nautas contractum cum ventis degere bellum
> Et quo quisque fere studio defunctus adhaeret,
> Aut quibus in rebus multum summum ante morati[124] [6: 963-8].

È una citazione che altera l'ordine dei versi dell'originale e cambia alcune parole. Contiene un'immagine che diventò un *topos*, visto che la ritroviamo nel *Trattato de' sogni* di Gio. Battista Segni:

> Il voler far pronostico sopra quei sogni, che fur prodotti da causa che sia intrinseca a colui che dorme e sogna, et che sia causa animale, perché tali sono come l'avanzatura e il resto delle precedenti giornali parole, pensieri o desideri, è pazzia notabile [...] Lucretio:

---

[123] Cesare Merli, *Il lume notturno overo prattica di sogni*, Venezia, Zatta, 1568, p. 76.
[124] Tomaso Garzoni, *Il serraglio di tutti gli stupori del mondo*, Venezia, Dei, 1613, p. 346.

Imperatores pugnare et praelia obire
Nauta cum ventis contractum degere bellum[125] [6: 964-965],

con la spiegazione che certi sogni sono generati da cause fisiologiche o da timori superstiziosi, come sostiene Lucrezio; e questo perché la natura dei sogni diventava sempre più materia di studio medico ed escludeva ogni intervento trascendentale.

Con il prelievo di questa tessera riguardante il campo "onirico", possiamo chiudere la presente sezione delle nostre ricerche relative ai sensi interni. Il sogno, infatti combina la memoria con la immaginazione, e dovremmo capire come Lucrezio intenda la memoria e come l'immaginazione.

Il tema dei sogni ci porta ad un aspetto centrale del pensiero lucreziano che Segni non sfiora neppure. È il problema dei *simulacra*, ossia quelle immagini/corpo create da atomi che si sprigionano dai corpi e ne conservano la somiglianza, atomi che viaggiano con la stessa velocità del pensiero, penetrano nei corpi che toccano e sono avvertiti dai sensi. Il quarto e in parte il quinto libro del *DRN* sono dedicati a questi temi, al modo in cui i sensi determinano la conoscenza, al rapporto che essi hanno con il pensiero, alla differenza tra *anima* e *animus*, alla natura stessa degli atomi e di come si differenzino per peso e velocità e dimensioni,... insomma, i problemi centrali dell'atomismo. I sogni avvengono di notte, e risulta strano che l'anima ricordi e che addirittura costruisca immagini e azioni che però non sa valutare poiché la parte dell'anima che valuta le sensazioni dorme. L'immaginazione esiste quando si è svegli, e con essa nascono le ansie, le paure e le errate concezioni del mondo, ma anche i desideri, i piaceri e tutte le cose che producono quella felicità tutta epicurea dalla serenità o della mancanza di dolore. Il problema vero, però, non è vedere i frutti dell'immaginazione bensì capire come sia possibile immaginare cose immateriali e inesistenti. Veramente non esistono? Per Lucrezio in effetti tali immagini esistono, ma sono dei *simulacra*. Tutto ciò porta inevitabilmente al discorso dei sensi, specialmente di quelli "esterni" Per capire meglio cosa siano queste "immagini" e di che consistano, procediamo a vedere il mondo dei sensi.

Il *DRN* contiene passi specifici sulla vista, sul tatto e sull'udito, ma anche sul gusto e sull'olfatto. Lucrezio, attenendosi ai presocratici, sosteneva che la visione non dipende dall'occhio che detiene la potenza visiva e identifica gli oggetti da vedere, ma dipende, invece, dalle cose che sprigionano gli atomi che colpiscono il senso della vista, e in tal modo si rovesciava la concezione aristotelica dei sensi. Pertanto non mancò chi ne prese nota. Possiamo cominciare da Agostino Nifo, a noi già noto. Questi nel *De*

---

[125] Gio. Battista Segni, *Trattato de' sogni*, Urbino, Ragusi, 1591, cap. III, p. 43.

intellectu (1554} riprende l'immagine che i suonatori devono fare "concordem sonum" per produrre armonia, così i sensi operano in accordo con il corpo:

> Quemadmodum enim in fidibus necesse est effici concordem sonum quam musici harmoniam et concentum nuncupant, ita in corporibus dicunt ex compagibus viscerum ac rigore membrorum vim sentiendi, vegetandi, movendi ac intelligendi existere. Quod Dicearchus, et Democritus inspicientes, contra immortalitatem animi pugnantes rem in dubium revocant, cum quibus Lucretius, Empedocles pararaphrasticus consentiens, inquit lib. 3, quoniam cum corpore intereat necesse est[126].

Nifo allude alle idee democritee ed epicuree sulla "materialità" dell'anima perché essa nasce con il corpo, e quindi è mortale e i sensi hanno in essa la loro matrice materiale[127]. Osserva anche che in sensi operano in armonia fra di loro per contribuire alla conoscenza.

Per il nostro spicilegio, ricordiamo Cesare Cremonini che a proposito del senso della vista scrive:

> Putavit Democritus a rebus visibilibus simulacra defluere, quae in oculum refracta, sint causa visionis, ita tamen ne haec simulacra intra oculum recipiatur, ut aliquis exprimunt, sed solum in superficie. De qua re Lucretius lib. 4. Signum accipiebat Democraticus immagines ipsi in oculis cernuntur, si enim aliquis stet ante me, sui imagine in meo oculo videt, quare credebat Democritus illam imaginem esse causam, ut ego illum viderem quod est verum, nam fit illa imago ex refractione, ut in speculo, sicuti suo loco dicemus[128].

Ma non troviamo altre schede per il nostro campionario, e ci chiediamo se ciò dipenda dalla nostra ricerca o se non sia dovuto ad una reale mancanza di attestazioni. Dipenderà da entrambi i fattori; tuttavia, cercando una spiegazione, arriviamo a concludere che il problema dei "sensi" abbia creò l'ostacolo maggiore per la fortuna di Lucrezio nella cultura italiana

La menzione di Cremonini, ci porta nell'ambito galileiano, e si ricorderà che egli appare in veste di personaggio nel *Dialogo dei massimi sistemi* prendendo il nome di Simplicio. Ma prima di entrare nel circolo galileiano, osserviamo un fatto anomalo. Sappiamo che il tardo Rinascimento e il Seicento mostrarono un interesse speciale per i "sensi" per motivi che sarebbe troppo lungo spiegare: l'attenzione al mondo delle percezioni preparava un ponte verso la rivoluzione scientifica, e segnava anche il venir meno della civiltà delle virtù per cedere il posto al mondo delle passioni. Cambi epocali, dunque, che non potremmo liquidare in pochi paragrafi. Ora, presumendo che

---

[126] Agostino Nifo, *De intellectu*, ed, Leen Spruit, Leiden, Brill, 2011, lib. 1, cap. 5., p. 124.
[127] Si veda comunque il saggio di Fabio Tutrone, *The Body of the Soul. Lucretian Echoes in the Renaissance Theories on the Psychic Substance and its Organic Repartition*, «Gesnerus», 71(2014), pp. 204-236.
[128] Cesare Cremonini, *Tractatus tres, primus de sensibus externis, secundus de sensibus internis, tertius de facultate appetitiva*, Venezia, Guerrigli, 1644, p. 30 sg.

il nostro lettore non richieda illustrazioni su tali svolte, ricordiamo soltanto che quella cultura dei sensi privilegiò in modo particolare la vista[129]. Dopo tutto è l'epoca del cannocchiale, del microscopio, dello specchio e di altre macchine che ingrandivano e talvolta deformavano la realtà su cui si focalizzavano, scoprendo dati che avviarono la ricerca scientifica e creando "meravigliosi" effetti di anamorfosi[130]. In questa rivoluzione, dove troviamo il Lucrezio che aveva dedicato molti versi al senso della vista? Con nostra sorpresa e delusione non abbiamo racimolato molto, benché le aspettative di un buon raccolto fossero giustificate dalle ragioni indicate. In realtà per trovare attestazioni soddisfacenti bisogna entrare nell'ambiente della scuola galileiana.

---

[129] Cfr. Ezio Raimondi, *La nuova scienza e la visione degli oggetti*, in «Lettere italiane», 21 (1969), pp. 265-305. Per quanto riguarda l'interesse al problema dei sensi, ci limitiamo a segnalare alcuni lavori: David Howes, Ed., *Empire of the Senses: the Sensual Culture Reader*, Oxford, Berg, 2005; IDEM, *A cultural history of the senses*, London-New Delhi - New York - Sydney, Bloomsbury, 2014; il vol. 3 è dedicato al Rinascimento ed è a cura di Herman Roodenberg. Altre opere specifiche: Michel Serres, *Les cinque senses*, Parigi, Hachette, 1998; Constance Classen, *The Deepest Sense: a Cultural History of Touch*, Urbana, University of Illinois Press, 2012.

[130] Si veda Marco Arnaudo, *Il trionfo di Vertunno. Illusioni ottiche e cultura letteraria nell'età della Controriforma*, Lucca, Pacini Fazzi, 2008.

10. Fisica: il vacuo, il moto, gli atomi

A questo punto non possiamo esimerci dal dedicare una sezione alla fisica con le sue problematiche ricerche sugli atomi, sullo spazio e il vuoto, sul peso degli atomi, sul loro moto, insomma, sul mondo della materia. La nostra riluttanza ad affrontare l'argomento nasce dalla mancanza assoluta delle competenze necessarie per farlo; e comunque, essendo obbligati a farlo, lo trattiamo per ultimo non certo per ordine di importanza, ma perché ci sembra che offra una chiave per capire la fortuna di Lucrezio, e ci prepara così ad arrivare ad una conclusione. Quanto alle competenze dobbiamo rifarci agli esperti, e in questo caso ci assiste un saggio di Michele Camerota dal titolo "Galileo, Lucrezio e l'atomismo"[131].

Qui apprendiamo che nel circolo dei galileiani il *DRN* veniva letto e lo si citava con frequenza. Ad esempio, Francesco Buonamici, maestro di Galileo, ne riporta spesso ampi stralci nel *De motu* (Firenze, Sammartelli, 1591), e lo stesso accade anche da parte del suo avversario Girolamo Borro, nel *De motu gravium et levium* (Firenze, Marescotto, 1575). Il fatto più sorprendente è che Galileo stesso non citi mai Lucrezio, benché sembra che lo conoscesse benissimo. Camerota ha dimostrato che il *DRN* è una fonte celata del grande pisano, e le coincidenze fra il testo latino e gli scritti, sia italiani che latini, di Galileo risultano flagranti tanto da escludere la semplice coincidenza di dati concettuali e verbali. Si concentrano nei passi relativi al suono, alla vista e agli altri sensi, e implicano tutti le leggi del moto e del peso e in generale degli atomi.

Non è necessario ripetere la documentazione offerta da Camerota, ma si sembra indispensabile citare le sue conclusioni:

> Per altro, nessuna esplicita menzione di Lucrezio venne da lui mai operata in alcuno scritto. Se, certamente, la pericolosa fama del poeta latino – tanto più temibile per chi, come Galileo, gia` non godeva di una reputazione ineccepibile – concorreva a sconsigliare citazioni dirette, il silenzio galileiano potrebbe altresì spiegarsi alla luce di una tendenza piuttosto diffusa all'epoca (si pensi, solo per fare un esempio, al caso di Descartes), identificabile con la spiccata propensione a mostrarsi reticenti nei confronti delle proprie fonti e dei propri ispiratori[132].

La moda di non citare le fonti avrà contribuito ad espungere il nome di Lucrezio dal novero delle *auctoritates,* ma il fatto che tale silenzio sia assoluto fa pensare ad un calcolo: cioè, stornare ogni sospetto di commercio con un libro contenente tesi non compatibili con la dottrina della Chiesa. Il "caso Galilei" conclusosi con la condanna inquisitoriale del 1632 ebbe ripercussioni incalcolabili sulla cultura italiana, e la sua

---

[131] Il saggio è apparso in *Lucrezio, la natura e la scienza,* a cura di Marco Beretta e Francesco Citti, Firenze, Olschki, 2008, pp. 141-175.
[132] Ivi, p. 174.

condanna per eresia non mise sotto inchiesta soltanto le teorie dell'eliocentrismo, ma anche le sue adesioni all'atomismo democriteo e lucreziano. Queste teorie procurarono a Galileo la taccia di eretico, e il gesuita Orazio Grassi non esitò a giudicarlo tale e a sostenere che le sue idee sull'atomismo erano contrarie al sacramento dell'eucarestia[133].

La fortuna di Lucrezio non poteva trarne vantaggio, e continuò a vivere in frammenti e attestazioni separate ma utilissime nel fornire testimonianze e descrizioni di fenomeni naturali, nonché splendide immagini poetiche. Non si aveva il coraggio di arrivare alle ragioni prime di quei fenomeni in quanto ciò imponeva di indagare la causa prima del tutto, che è, appunto, il movimento e la congregazione degli atomi che si muovono nello spazio vuoto senza essere spinti verso un qualche fine predeterminato.

La situazione sembrò mutare quando la filosofia dell'atomismo arrivò in Italia— e particolarmente a Napoli, come ricorda Vico — nella versione di Gassendi. Il canonico francese conciliava l'atomismo con la Provvidenza, ammetteva il teleologismo, e quindi sembrava possibile accoglierlo senza incorrere in scontri con l'Inquisizione. Ma quando l'Italia tentò di presentare Lucrezio nella sua veste integrale, quindi con tutte la forza del "sistema" di pensiero che conteneva, il tribunale dell'Inquisizione non poté chiudere gli occhi e si pronunciò. Parliamo della prima traduzione italiana del *DRN* fatta da Alessandro Marchetti, un matematico dell'università di Pisa, e quindi operante nell'ambiente in cui era ancora vivo il magistero galilieiano. Marchetti completò la sua traduzione nel 1667, ma gli fu interedetto l'uso della stampa, e la traduzione in italiano vide la luce in Inghilterra solo nel Settecento.

---

[133] Sul tema si veda, Pietro Redondi *Galileo eretico*, Torino: Einaudi, 2004 (Iª ed. 1983).

Prima ricapitolazione

Le "cose da poco" raccolte nelle nostre pagine mostrano un'attenzione assidua all'opera di Lucrezio, e provengono dai settori che possiamo chiamare *grosso modo* umanistici, cioè concentrati sui fenomeni del linguaggio e delle immagini; ma, contrariamente all'impressione diffusa, questa attenzione non è affatto estranea alle ricerche che possiamo chiamare "scientifiche" poiché si concentrano sull'osservazione di fenomeni naturali traducibili in numeri e leggi anziché in versi. Sono osservazioni che precorrono l'età della verifica sperimentale in rottura con la tradizione dogmatica aristotelica. Insomma, vicino al Lucrezio amato per le sue immagini poetiche, c'è il Lucrezio naturalista che ha nuociuto alla sua reputazione artistica fino al punto da contestargli il titolo di poeta. Ma a quella scienza mancava la fondazione che Lucrezio le aveva dato. Era l'atomismo che in termini pratici significava materialismo. L'Italia lesse il *DRN* espungendo quella fondazione, e frammentò l'organicità dell'opera in una miriade di rivoletti che alimentavano le curiosità più svariate senza insospettire gli inquisitori. In quella forma anche il Papa poteva apprezzare la potenza delle osservazioni lucreziane. Lo provano i versi che l'archiatra Matteo Naldi riporta nei suoi *Rei Medicae Prodromi. Praecipuorum Physiologiae Problematum*, Roma, Lazzari, 1682, cap. VIII, p. 135, opera dedicata al Papa Alessancro VII:

hunc igitur terrorem animi tenebrasque necessest
non radii solis neque lucida tela diei
discutiant, sed naturae species ratioque.
Principium cuius hinc nobis exordia sumet,
nullam rem e nihilo gigni divinitus umquam.
Quippe ita formido mortalis continet omnis,
quod multa in terris fieri caeloque tuentur,
quorum operum causas nulla ratione videre
possunt ac fieri divino numine rentur. [1: 146-54]

Anche l'episodio della riduzione simbolica del "dente del cinghiale" attuata da Bartoli, conferma che il *DRN* aveva lettori fra i dotti che credevano nella giusta missione del Tribunale dell'Inquisizione, perché in qualche modo l'opera di Lucrezio era stata purgata, o meglio era stata "devitalizzata", e in quella forma era apprezzata, anzi altamente apprezzata. Le nostre *quantulacumque* documentano questo apprezzamento legato ad una molteplicità di prospettive, e quasi sempre la parola di Lucrezio è autorevole presso scrittori e scienziati, benché non risulti che abbia operato mai alcuna svolta culturale, come magari accadde con l'opera di Tacito, che, bandita al livello morale, riuscì comunque ad imporre "il tacitismo", cioè un modo nuovo di interpretare e di scrivere la storia. Forse è un'esagerazione dire con Violaine Giacomotto-Charra, «nous parait certain que l'influence plus ou moin souterraine du texte ne saurait être, dans la pensée scientifique de ce debut du XVIe siècle, negligée»[134]. La presenza di Lucrezio fu più intensa di quanto non si sospettasse, e credo che le nostre schede lo documentino ampiamente; ma rivelano anche un tipo di influenza che non incise con forza sulla nostra cultura. E non sembra neanche vera la diagnosi vichiana secondo cui l'influenza di Gassendi portò ad un *revival* dell'opera lucreziana, o fu vero solo nel senso che si lesse con minor timore un testo che era il manifesto dell'atomismo, ma forse non se ne ricavò maggior profitto. Di fatto sappiamo poco sulla ricezione di Lucrezio nel secondo Seicento, e chi vorrà compiere una perlustrazione simile alla nostra saprà rispondere alla domanda con cognizioni migliori.

Cosa accadde veramente dopo la "scoperta" fatta dai giovani intellettuali napoletani? Risponderà qualche ricercatore che racimoli testimonianze sull'argomento. Per ora possiamo offrirgli qualche indizio studiando la fortuna dell'Inno a Venere con il quale Lucrezio avvia la sua indagine sulla natura delle cose. Sarà una pista in cui l'Italia poteva offrire un buon raccolto perché, dopo tutto, se l'atomismo era mal accetto nella cultura italiana, l'amore e la poesia d'amore avevano sempre avuto produttori e utenti in misura altissima. Vedremo se l'Inno a Venere di Lucrezio, un bellissimo canto d'amore alla dea dell'amore, s'accorderà alla nostra tradizione.

---

[134] Violaine Giacomotto-Charra, *L'influence de Lucrèce sur les theories des éléments à la Renaissance: concepts et representations*, in *La Renaissance de Lucrèce*, F. Lestringant, E. Nava (dir.), Paris, PUPS [«Cahiers Saulnier» no. 27], 2010, pp. 97-112. L'autrice studia in particolare due testi italiani, il *De elementis et eorum mixtionibus* del cardinale Gasparo Contarini (Parigi, 1548), e i *Comentarii in universam physicam Aristotelis* di Giovanni Valcurio (Lione 1544), due testi in cui in modo diverso si avvertono le influenze delle teorie atomiste.

L'INNO A VENERE

L'inno non fu un genere particolarmente curato nel Cinquecento italiano, o almeno non lo fu con la stessa intensità con cui si diede in Francia, dove il modello di Ronsard creò una moda. È un tipo di composizione poetica di cui non esiste una forma fissa o standardizzata, e della sua variabilità morfologica molto apprendiamo leggendo Francesco Patrizi da Cherso che dedica all'argomento l'intero terzo libro della "deca sacra", intitolandolo semplicemente "Dell'inno", che poi suddivide nelle sue diverse specie[135]. Patrizi andava molto oltre le prime e preziose indicazioni offerte da Giulio Cesare Scaligero, che si occupa del tema nei *Poetices libri septem*[136]. In generale sembra che i modelli delle *Odi* pindariche e degli *Inni orfici*, e perfino il *Carmen arvale* di Orazio non riscuotessero tanta attenzione nella cultura in volgare del Cinquecento, dove per altro è frequente la poesia encomiastica. Forse la fortuna cinquecentesca dell'inno si deve al fatto che non ebbe mai una definizione tecnica precisa, non un tipo di verso fisso, non una misura e neppure una sede precisa dal momento che squarci innici si possono trovare in poemi epici o elegiaci. Il contenuto lo affiancava al genere dell'ode o del salmo, perché aveva prevalentemente un fine celebrativo. Inoltre la sua natura "religiosa" porta a identificare gli autori con i *vates*, ruolo che a sua volta richiede una certa temperie politica per giustificarlo. In Francia, ad esempio, i *Psaumes* di Marot ebbero una continuazione/opposizione ne *Les Hymnes* di Ronsard (1555). Tuttavia, fuori del campo liturgico, il tipico inno, come canto in lode di una divinità con fini propiziatori, ebbe un'eccezione nell'Inno a Venere con cui Lucrezio apre il *De rerum natura*. Abbiamo già osservato che Natale Conti e Benedetto Varchi lo ricordano sottolineandone la bellezza poetica, e apprendiamo da Pina Totaro[137] che Mario Equicola ne diede una prima versione in italiano. Nel complesso, però, la tradizione italiana, che per prima valorizzò il testo lucreziano, fu anche la più povera di traduzioni e di imitazioni rispetto al vero successo che l'inno ebbe in Francia[138] e in Inghilterra. Lucrezio ebbe in Francia un successo che è stato ben studiato, e basterebbe a misuralo il fatto che produsse *L'anti Lucrece* del cardinale Polignac, opera che si capisce solo tenendo conto dell'impatto lucreziano nella cultura francese. In Inghilterra Edmond Spenser non solo compose i *Fowre Hymnes*, ricchi di spunti lucreziani e platonici insieme, ma incluse una versione/imitazione dell'Inno a Venere nella *Fairie Queene*

---

[135] Francesco Patrizi da Cherso, *Della poetica*, cit., vol. III, pp. 297-378.
[136] Giulio Cesare Scaligero, *Poetices Libri Septem*, Lyon, Vincent, 1561, lib. I, 45 (p. 49) e III, 112–118 (pp. 162-165). Si consulta nell'ed. reprint curata da August Buck, Stuttgart-Bad Cannstatt, Frommann, 1964.
[137] Tina Totaro, art. cit., pp. 529-530.
[138] Si veda Jessie Hock, *The Erotics of Materialism. Lucretius in Early Modern Poetry*, Philadelphia, University of Pennsylvania Press, 2021.

(4, 10, 44-47), che è del 1590. Quando avvia *An Hymne in Honor of Beauty* con questi versi:

Therto do thou great Goddesse, queene of Beauty,
Mother of Love, and of all worlds delight,
Without whose soverayne grace and kindly dewty,
Nothing on earth seemes fayre to fleshly sight,
Doe thou vouchsafe with thy love-kindling light [...] (15-19)[139],

ostenta l'eco dell'Inno lucreziano[140]. Sempre in Inghilterra, vari poeti, da Donne e Shelly, imitarono l'Inno a Venere. In Italia ebbe una fortuna diversa da altre nazioni, e questo perché fu utilizzato come modello encomiastico della donna amata, e per giunta destò una certa concorrenza con l'innologia mariana, cioè con gli inni alla Vergine, la "genitrix" *par excellence*. Valentina Prosperi[141] ha studiato da pari suo questo filone e ha raccolto molte testimonianze che vanno da Lorenzo Bonincontri a Jacopo Sannazaro a Gioviano Pontano, e si estendono ai poeti in volgare come Benedetto Varchi. Nel complesso si può dire che la cultura italiana — e particolarmente quella legata all'ambiente di Napoli — produsse un numero di imitazioni superiore a quello delle traduzioni vere e proprie. Ciò è dovuto sicuramente al fatto che in Italia la prima traduzione del *DRN*, quella di Alessandro Marchetti, fu resa nota solo ai primi del Settecento. Ma un fattore non trascurabile fu proprio il facile scambio tra le due *genitrices*, una pagana e una cristiana, a rendere cauti nell'inneggiare a Venere: le similarità tra la dea e la Madonna potevano creare un immediato sospetto parodico a scapito di Maria Vergine. Peraltro si può dire che gli "inni a Venere" furono frequenti nel campo della pittura, e in alcuni casi raggiunsero dei livelli altissimi. Si pensi alla trafila dei capolavori inaugurata dalla "Nascita di Venere" di Botticelli (1480), seguita dalla "Venere allo Specchio" di Tiziano: sono celebrazioni della bellezza e dell'amore fecondatore o dell'*eros*. O si ricordi anche il dio della guerra Marte che poggia la testa sul grembo della dea, celebrato anch'esso dallo stesso Sandro Botticelli in "Venere e Marte" (1482) e da Paolo Veronese, "Marte e Venere incatenati da Amore" (1580), e attraverso queste rappresentazioni pittoriche il tema arrivò fino a Marino, che dedicò il canto dodicesimo dell'*Adone* all'incontro fra i due amanti. L'argomento era indubbiamente erotico, ma gli inquisitori non si preoccuparono di condannarlo perché l'incontro della coppia divina poteva essere letto allegoricamente come un inno alla pace. In ogni modo, ricordiamo questo successo pittorico di Venere perché il

---

[139] *Fowre Hymnes*, in *The Yale Edition of the Shorter Poems of Edmund Spenser*, ed. William A. Oram, New Haven, Yale University Press, 1989, p. 706.
[140] Si veda Ayesha Rachachandran, *Edmund Spenser, Lucretian Neoplatonist: Cosmology in the* Fowre Hymnes, in « *Spenser Studies: A Renaissance Poetry Annual*, Volume XXIV (2009), AMS Press, pp. 373-411.
[141] Valentina Prosperi, "Di soave licor", cit., pp. 139-158, suddividendo l'argomento in capitoletti: "Inno a Venere come modello poetico del Cinquecento", "Inni lucreziani alla Vergine", "Inno a Venere come inno cristiano".

linguaggio dei colori, del nudo e degli amplessi non portava a possibili confusioni con gli attributi della Vergine Maria, come invece poteva accadere con il linguaggio dei poeti.

In questo capitolo riuniamo per la prima volta le "traduzioni", o meglio i "rifacimenti" parziali o completi, dell'Inno. I testi riportati sono tutti noti agli studiosi della fortuna di Lucrezio, e li riproponiamo non solo per render un servizio ai lettori — i quali potranno constatare *prima facie* un aspetto della fortuna di Lucrezio —, ma soprattutto per agevolare alcune considerazioni finali, una sorta di bilancio sul raccolto fatto in questo breve libro.

Riproduciamo prima di tutto il testo di Lucrezio, che, come si ricorderà apre il poema:

Aeneadum genetrix, hominum divomque voluptas,
alma Venus, caeli subter labentia signa
quae mare navigerum, quae terras frugiferentis
concelebras, per te quoniam genus omne animantum
concipitur visitque exortum lumina solis:
te, dea, te fugiunt venti, te nubila caeli
adventumque tuum, tibi suavis daedala tellus
summittit flores, tibi rident aequora ponti
placatumque nitet diffuso lumine caelum.
nam simul ac species patefactast verna diei
et reserata viget genitabilis aura favoni,
aeriae primum volucris te, diva, tuumque
significant initum perculsae corda tua vi.
inde ferae pecudes persultant pabula laeta
et rapidos tranant amnis: ita capta lepore
te sequitur cupide quo quamque inducere pergis.
denique per maria ac montis fluviosque rapacis
frondiferasque domos avium camposque virentis
omnibus incutiens blandum per pectora amorem
efficis ut cupide generatim saecla propagent.
quae quoniam rerum naturam sola gubernas
nec sine te quicquam dias in luminis oras
exoritur neque fit laetum neque amabile quicquam,
te sociam studeo scribendis versibus esse,
quos ego de rerum natura pangere conor
Memmiadae nostro, quem tu, dea, tempore in omni
omnibus ornatum voluisti excellere rebus.
quo magis aeternum da dictis, diva, leporem.
effice ut interea fera moenera militia
per maria ac terras omnis sopita quiescant;
nam tu sola potes tranquilla pace iuvare

mortalis, quoniam belli fera moenera Mavors
armipotens regit, in gremium qui saepe tuum se
reiicit aeterno devictus vulnere amoris,
atque ita suspiciens tereti cervice reposta
pascit amore avidos inhians in te, dea, visus
eque tuo pendet resupini spiritus ore.
hunc tu, diva, tuo recubantem corpore sancto
circum fusa super, suavis ex ore loquellas
funde petens placidam Romanis, incluta, pacem;
nam neque nos agere hoc patriai tempore iniquo
possumus aequo animo nec Memmi clara propago
talibus in rebus communi desse saluti.
omnis enim per se divum natura necessest
immortali aevo summa cum pace fruatur
semota ab nostris rebus seiunctaque longe;
nam privata dolore omni, privata periclis,
ipsa suis pollens opibus, nihil indiga nostri,
nec bene promeritis capitur nec tangitur ira [I: 1-49].

a) Equicola

EQUICOLA - Il primo autore a renderlo in italiano, almeno in parte, fu Mario Equicola:

Et a te o alma Venere madre delli amori, delli dei et de gli huomini volupta; tu del cielo, della terra et del mare sei signora; tu hai creato li dei, tu dai causa alle sementi et arbori, per te il mare ha pesci, la terra bruti et rationali, tu congregasti insieme gli huomini, tu causa sei delle città, tu mutasti il fero vivere, et habiti agresti in humani costumi, tu hai dati alli mortali la poetica, tu la oratoria, tu de tutte arti inventrice, causa et perfetrice. A te supplico et tua protection chiego, che governatrice te mostri, se la mia nave in periculo di naufragio se retrovarà. Se del tuo presidio et patrocinio me farai degno, de viole, rose, aloe, costo, matrice, papavero, salice, gigli con vari odoramenti, te farò soffomigationi, in habito novo, mundo et puro ne l'hora prima del tuo giorno, stando il sole in capo di pesce, et luna in cancro, te sacrificherò una tortora et una columba, premettendoti nesciuna cosa mi serà più grata che gratificar quella alla quale me hai facto servo et dato sugetto. Nisciuna cosa mi serà di maggior volupta, che contemplar lei, lei obsequire, lei laudare, di lei pensar et scrivere. Senza sperar premio, esser suo sempre sola in ogni tempo loco, acto, habito, haverla per suprema signora con desiderio (se dirlo lice) che allo extremo de miei giorni l'anima col fato de l'amato Leandro dal corpo si discioglia[142].

Questo elogio viene poi volto in perorazione, e conclude il lungo capitolo intitolato "Forza et potentia d'amore". Equicola non usa il verso e rinuncia così a produrre un "inno" che, pur con le sue variabilità metriche, è sempre strutturato in forma poetica. La resa in prosa è una novità, ed Equicola non accenna in alcun modo di rifarsi alla

---

[142] Mario Equicola, *Libro de natura de amore*, cit., lib. IV, cc. 153v-154r.

fonte lucreziana. Ma il silenzio è calcolato in quanto gli permette di "personalizzare" l'inno a Venere trasformandolo in una preghiera alla dea perché lo aiuti a vincere e conservare l'amore della sua donna. Pur nel suo adattamento Equicola inneggia a Venere, riconoscendole quella funzione primaria nota a tutti gli amanti: Venere è la dea dell'amore erotico, ed è pertanto la dea protettrice di quell'amore sensuale che Equicola ha coraggiosamente celebrato contrapponendosi all'amore contemplativo di stampo ficiniano.

b) Alamanni

ALAMANNI - La prima traduzione quasi integrale e in versi fu prodotta da Luigi Alemanni nel 1546, e, salvo errore, il primo a notare il debito verso Lucrezio fu Giuseppe Bianchini che annotò l'edizione de *La coltivazione di Luigi Alemanni e Le Api di Giovanni Rucellai*, uscita a Verona, presso Pierantonio Berno, 1745, pp. 15-16. Ne diamo il testo riprendendolo dall'ed. più vicina alla *princeps*:

Alma Cyprignia Dea lucente stella
De' mortai, de gli Dei vita e diletto;
Tu fai l'aer seren, tu queti il mare,
Tu dai frutto al terren, tu liete, e ghai
Fai le fere, e gli augei, che dal tuo raggio
Tutto quel ch'è fra noi raddoppia il parto.
Al tuo santo apparir la nebbia e 'l vento
Parton veloci, e le campagnie e i colli
Veston nuovi color di fiori e d'herbe.
Tornan d'argento i ruscelletti e i fiumi.
Dal tuo sacro favor le piume spiega
Zephyro intorno, e gli amorosi spirti
Ovunque teco vien soave infonde
La chiara Primavera e 'l tempo vago,
Che le piante avverdisce, e pinge i prati,
Et quanto bene haviam da te si chiame.
Dunque te più d'altrui per guida appello
Al mio nuovo cantar, ch'io mostri a pieno
L'alta virtù, ch'il tuo venire adduce
Al glorioso Re Francesco, eletto
Per far ricco tra noi d'honor il mondo,
Come tu il Ciel del tuo splendore eterno.
Deh fa sacrata Dea ch'in terra e 'n mare
L'antico guerreggiar s'acqueti homai;
Perché tu sola puoi tranquilla pace
Portar nel mondo, che il feroce Marte
Tutto acceso d'amor ti giace in grembo,

Et fermando nei tuoi gli ardenti lumi
In te vorria versar tutti i suoi spiriti
Ne può gratia negar che tu gli chieggia[143].

Abbiamo detto traduzione "quasi integrale" nel senso che i dati e gli attributi conferiti a Venere sono quasi tutti riportabili al testo di partenza, ma per il resto il traduttore opera con libertà, e il suo si potrebbe definire meglio come "adattamento", poiché la traduzione implica un trasporto *verbum pro verbo*. Inoltre, bisogna notare che i sette versi finali sono trasposti e corrispondono ai vv. 29-43 del *DRN*. Non bisogna neppure ricordare che di quei trenta versi alcuni costituiscono un tributo encomiastico al re Francesco, e lo si spiega benissimo ricordando che il libro è dedicato al Re, presso la cui corte Alamanni visse durante i suoi anni d'esilio da Firenze. Per altro sono elementi che si integrano con la preghiera di pace contenuta nel testo di Lucrezio. E sempre cosa di poco conto sarebbe osservare che "Ciprigna" è aggettivo dantesco ("la bella Ciprigna", di *Paradiso*, VIII, 2) e non lucreziano. Conta invece notare che i cinquanta versi di Lucrezio sono ridotti a trenta nella versione di Alamanni, quindi con un ovvio snellimento che sembra concentrarsi su alcuni punti cruciali. Uno di questi è l'allusione a Marte. Il testo di Lucrezio tradotto alla lettera dice: "tu sola puoi gratificare i mortali con una serena pace, dal momento che Marte, possente in armi, governa le crudeli azioni belliche, e spesso poggia il capo nel tuo grembo, vinto dall'eterna ferita d'amore, e così guardandoti e avendo il suo bel collo reclino, in te, o dea, spasimante d'amore sazia gli avidi occhi, e il respiro del dio supino dipende dalla tua bocca"; ma Alamanni sfronda il passo da tutti gli elementi erotici o quanto meno languidi. Un altro passo riguarda l'effetto di pace che la dea porta nelle cose del mondo, e ancora, tradotto alla lettera, avremmo: "al tuo primo apparire fuggono via i venti e le nubi del cielo; al tuo avvento la terra industriosa fa nascere i fiori soavi; per te ridono le vastità del mare, e il cielo placato risplende di luce diffusa. Non appena appare il volto primaverile dei giorni, e il soffio del fecondo zefiro riprende vigore, gli uccelli dell'aria per prima cosa annunciano te, dea nostra, e il tuo arrivo, e i cuori sono turbati dalla tua forza vitale". Come si vede, il testo lucreziano è più generoso di immagini che poi sono "forze" che animano la natura e le conferiscono una dinamica che i versi dell'Alamanni riproducono in sordina. Ma fatte queste considerazioni, bisogna dire che Alamanni coglie il senso del testo latino estraendone la forza generatrice della Natura dietro l'urgere dell'amore che regola il regno delle cose. Il contesto "georgico" si presta perfettamente a ripetere il messaggio lucreziano della creatività della natura, della fecondità della terra che si dà solo dove le cose sono mosse per amore o, detto in parole meno erotiche, per attrazione fra di loro.

---

[143] Luigi Alamanni, *La Coltivazione*, Firenze, Giunti, 1549, cc. 7v-8r [I, 268-297].

c) Bruno

BRUNO - Un altro autore, segnalato anche questo da Pina Totaro, è Giordano Bruno. Questi, nello *Spaccio de la bestia trionfante*, offre uno squarcio dell'inno lucreziano in traduzione. Saulino invita Sofia ad esporgli i dettagli del comportamento di Apollo nei suoi riguardi:

Saulino: Dì pure.

Sofia: Ieri che fu la festa della commemorazion del giorn de la vittoria de' dèi contra gli giganti, immediatamente dopo pranso, quella che sola governa la natura de le cose, e per la qual gode tutto quel che gode sotto il cielo,

La bella madre del gemino amore.
La diva potestà d'uomini e dèi
Quella per cui ogn'animante al mondo
Vien conceputo, e nato vede il sole
Per cui fuggono i venti e le tempeste,
quando spunta dal lucid'oriente:
gli arride il mar tranquillo, e di bel manto
la terra si rinveste, e gli presenta
per belle man di Naiade gentili
di copia di fronde, fiori e frutti
colmo il smaltato corno d'Acheloo,
avendo ordinato il ballo se gli fece innanti con quella grazia che consolerebbe il turbido Caronte; e come è il dovero de l'ordine, andò a porgere la prima mano a Giove[144].

È una "citazione", un'allusione ad un testo celebre che nasce spontaneamente in una situazione dove suona quasi scherzosa perché intende creare un paragone fra un'immagine sublime e un personaggio di levatura meno che media. Come si vede l'avvio dell'inno è lucreziano, e tale è anche il riferimento al fuggire dei venti e delle tempeste; ma per il resto Bruno procede *Marte suo*, pur rimanendo nel tono dell'inno di lode ed esprimendo quello stupore che incute la presenza del sacro.

d) Marino

MARINO - Un posto speciale merita Giambattista Marino, speciale non solo per la sua grandezza poetica, ma perché utilizza l'inno lucreziano all'interno di un poema che ha per protagonista Venere, e questo fattore determina in parte la direzione che vuol

---

[144] Giordano Bruno, *Lo spaccio de la bestia trionfante*, dialogo primo, in *Opere*, a c. di Michele Ciliberto, Milano, Mondadori, "I Meridiani", 2000, p. 490 sg.

imprimere al suo inno. Riportiamo il testo, consistente di cinque ottave e quindi con un numero di versi vicino a quello dell'originale:

Dicean tutti cantando: – O dea beata,
o bella universal madre e nutrice,
con l'istessa Natura a un parto nata,
di quanto nasce original radice,
per cui genera al mondo e generata
ogni stirpe mortal vive felice:
felice teco in queste rive arrivi
quella beltà per cui felice vivi.

Al tuo cenno le Parche ubbidienti
tiran le fila in vari stami ordite.
Dal tuo consiglio, in tua virtù crescenti
Natura impara a seminar le vite.
Per legge tua di sfere e d'elementi
stansi le tempre in bel legame unite.
Se non spirasse il tuo spirto fecondo
i nodi suoi rallenterebbe il mondo.

Tu ciel, tu terra e tu conservi e folci
fiori, erbe, piante e nele piante il frutto.
Tu crei, tu reggi e tu ristori e molci
uomini e fere e l'universo tutto,
che senza i doni tuoi giocondi e dolci
solitario per sé fora e distrutto;
ma mentre stato varia e stile alterna
la tua mercede, il suo caduco eterna.

Lumiera bella, che con luce lieta
dele tenebre umane il fosco allumi,
da cui nasce gentil fiamma secreta,
fiamma onde i cori accendi e non consumi;
d'ogni mortal benefattor pianeta,
gloria immortal de' più benigni numi,
ch'altro non vuoi ch'a prò di chi l'ottiene
godere il bello e possedere il bene.

Commessura d'amor, virtù ch'innesti
con saldi groppi di concordi amplessi
e le cose terrene e le celesti
e supponi al tuo fren gli abissi istessi;
per cui con fertil copula contesti
vicendevol desio stringe duo sessi,
siché, mentre l'un dona e l'altro prende,
il cambio del piacer si toglie e rende[145].

---

[145] Si riproduce il testo curato da Giovanni Pozzi, *L'Adone*, Milano, Mondadori, 1976, 2 voll., canto VII, 76-80.

L'episodio dell'inno, cantato dal corteo degli amanti, ha luogo nel giardino dei sensi, precisamente nella sezione in cui si celebra la musica che impegna il senso dell'udito. L'orecchio percepisce il suono che ha una "materialità" invisibile e impalpabile, quasi un effluvio simile a quello che genera la corrispondenza o la simpatia amorosa. È una scelta che evita la più ovvia associazione di Venere con il senso del tatto — il senso la cui torre sta nel centro del giardino —, e che però assocerebbe troppo visibilmente la dea all'aspetto sessuale, come accadeva in Equicola e in Nifo, i quali davano al senso del tatto un ruolo essenziale nel discorso sull'amore. Marino, invece, preferisce mantenere la funzione di Venere in una sfera intermedia che poi nel poema si sviluppa nell'incontro del mondo terreno con il mondo celeste. La Venere di quest'inno mariniano è più fredda di quella lucreziana, quasi impersonale. È una forza fecondatrice, ma anche animatrice del "divenire", tema sul quale Marino insiste e che è senz'altro lucreziano, ma al quale il poeta napoletano dà una svolta malinconica. Infatti questo divenire, che poi è il vivere, implica anche la morte (le Parche) che sono del tutto assenti nel modello latino, e che invece immettono una nota "baroccheggiante" nella versione mariniana. Ma non sorprende che nel complesso Venere sia una figura priva di quella vibrante vitalità che Lucrezio le conferisce: non stupisce perché sia Venere che Adone sono presentissimi nel poema mariniano, ma sono anche personaggi "deboli", perché così volle crearli l'autore per motivi che in questo momento non interessa indagare. Comunque stiano le cose, l'inno a Venere del *De rerum natura* non poteva mancare nell'*Adone*, il "poema dell'amore e non della guerra", come lo definisce l'autore stesso; e ancora una volta questi seppe arricchirlo di un "furto" procuratosi con il suo celebre rampino. Questa volta, però, era impossibile nascondere il mare dove lo "pescava".

Marino fu l'autore che più si impegnò a "far suo" l'inno lucreziano, e dopo di lui il grande testo che continuò ad affascinare l'Europa, scomparve per molto tempo dal panorama italiano.

e) Marchetti

Marchetti – Alessandro Marchetti fu il primo traduttore italiano del *DRN*, o meglio il primo di cui si conosca il testo, perché pare che il primo in assoluto sia stato Muscettola, la cui traduzione, però, non vide mai la luce e non se n'è mai trovata traccia alcuna. Ma anche la traduzione di Marchetti ebbe le sue disavventure: portata a termine nel 1667, fu pubblicata solo nel 1717 e a Londra per le cure di Paolo Rolli, perché l'Italia non consentiva che un'opera "atea" godesse di un'ampia circolazione[146]. Vediamo il testo dell'Inno a Venere:

Alma figlia di Giove, inclita madre
del gran germe d'Enea, Venere bella,
degli uomini piacere e degli Dei:
tu che sotto i girevoli e lucenti
segni del cielo il mar profondo e tutta
d'animai d'ogni specie orni la terra,
che per sé fòra un vasto orror solingo;
te, Dea, fuggono i venti; al primo arrivo
tuo svaniscon le nubi; a te germoglia
erbe e fiori odorosi il suolo industre;
tu rassereni i giorni foschi, e rendi
col dolce sguardo il mar chiaro e tranquillo,
e splender fai di maggior lume il cielo.
Qualor, deposto il freddo ispido manto,
l'anno ringiovanisce, e la soave
aura feconda di Favonio spira,
tosto tra fronde e fronde i vaghi augelli,
ferito il cuor da' tuoi pungenti dardi,
cantan festosi il tuo ritorno, o Diva;
liete scorron saltando i grassi paschi
le fere, e gonfi di nuov'acque i fiumi
varcano a nuoto e i rapidi torrenti;
tal da' teneri tuoi vezzi lascivi
dolcemente allettato ogni animale
desïoso ti segue ovunque il guidi.
Insomma tu per mari e monti e fiumi,
pe' boschi ombrosi e per gli aperti campi,
di piacevole amore i petti accendi,
e così fai che si conservi 'l mondo.
Or se tu sol della natura il freno
reggi a tua voglia, e senza te non vede
del dì la luce desïata e bella,
né lieta e amabil fassi alcuna cosa;
te, dea, te bramo per compagna all'opra,
in cui di scriver tento in nuovi carmi
di natura i segreti e le cagioni
al gran Memmo Gemello a noi sì caro

---

[146] Su questa traduzione si vedano: Mario Saccenti, *Lucrezio in Toscana. Studio su Alessandro Marchetti*, Firenze, Olschki, 1966; Alessandra Magnoni, *Traduttori italiani di Lucrezio (1800-1902)*, in «Eikasmos», 16 (2005), pp. 419-470; Gustavo Costa, *Epicureismo e pederastia. Il Lucrezio e l'Anacreonte di Alessandro Marchetti secondo il Sant'Uffizio*, Firenze, Olschki, 2012; Francesco Massoni, *Tradurre Lucrezio: ricostruzione dell'identità storica dell'autore messo in versi italiani da Alessandro Marchetti*, HAL Id: dumas-01198608; https://dumas.ccsd.cnrs.fr/dumas-01198608; Submitted on 14 Sep. 2015.

in ogni tempo e d'ogne laude ornato.
Tu, dunque, o Diva, ogni mio detto aspergi
d'eterna grazia, e fa' cessare intanto
e per mare e per terra il fiero Marte,
tu che sola puoi farlo. Egli sovente
d'amorosa ferita il cuor trafitto
umil si posa nel divin tuo grembo.
Or, mentr'ei pasce il desïoso sguardo
di tua beltà, ch'ogni beltade avanza,
e che l'anima sua da te sol pende,
deh porgi a lui, vezzosa Dea, deh porgi
a lui soavi preghi, e fa' ch'ei renda
al popol suo la desïata pace.
Che se la patria nostra è da nemiche
armi agitata, io più seguir non posso
con animo quïeto il preso stile;
né può di Memmo il generoso figlio
negar sé stesso alla comun salute[147].

Il testo corrisponde quasi perfettamente alla misura dell'originale, e già questo è un segno della "fedeltà" del traduttore. Si permette, certo, qualche aggiunta — come quel «che per sé fora vasto orror solingo» o «deposto il freddo ispido manto» — ma nel complesso è una buona traduzione nel senso che più che alla *fedeltà* mira alla *lealtà*, cioè a rendere lo spirito del testo di partenza nel linguaggio di una cultura poco propensa all'essenzialità dell'originale. Il linguaggio secentesco ama intensificare gli attributi con dittologie sinonimiche («freddo ispido manto», «desïata e bella»). Notevole è la tendenza alle inarcature o agli *enjambements*, cioè a spezzare la corrispondenza del pensiero sintattico con la misura del verso, una corrispondenza che produce a volte un senso di ritmo cantilenato o una prosa scandita in modo poco naturale.

Cosa accadde della fortuna di Lucrezio dopo questa data? Sarà vero che l'ostilità mostrata verso Marchetti ebbe la meglio contro il poeta che, a giudizio di Benedetto Varchi aveva cantato "divinamente bene" i segreti della Natura?

---

[147] Testo ripreso dall'appendice al testo di Alessandra Magnoni, art. cit., p. 458.

CONCLUSIONE E LA SINTESI DI VICO

La traduzione di Marchetti ci porta al limite cronologico che ci siamo imposti nel progettare questo lavoro. Siamo quindi arrivati alla fine ed è opportuno rivolgere lo sguardo alle varie piste perseguite e ricavarne alcune essenziali considerazioni. Nel campo delle ricerche umanistiche, e in modo particolari nelle ricostruzioni storiche, gli addetti ai lavori godono di un privilegio che altre discipline non consentono, o non nella stessa misura. Non in tutti i campi, infatti, è dato di poter stabilire il punto da cui far partire la ricerca e il punto in cui si decide di chiuderla. Ma ovviamente non è questione di puro arbitrio, dal momento che il ricercatore ha l'obbligo di giustificare il privilegio spiegando i motivi della scelta dei termini temporali. Nel nostro caso il problema del punto di partenza è ovvio, perché non è pensabile cercare la presenza di Lucrezio dove non si conosceva il suo testo; tutt'al più desta qualche interesse il fatto che un Petrarca sapesse di lui e citasse perfino dei versi perché gli erano pervenuti attraverso testimonianze antiche[148]. E anche quando si conosce l'anno in cui il *DRN* riemerse dall'oblio secolare, non è detto che tutti i ricercatori lo scelgano come punto di partenza. Molti studiosi si sono soffermati sulla fortuna riscossa nel periodo umanistico; altri partono dalle prime menzioni in lingua volgare, grosso modo dal 1525, nell'opera di Mario Equicola; altri ancora, come Alessandra Magnoni, si sono concentrati sull'Ottocento, e comunque tutti hanno operato con una certa flessibilità cronologica per ovvie ragioni. Il nostro studio per molti aspetti rassomiglia nella linea a quello di Valentina Prosperi, e in un qualche modo lo integra con nuovi dati e apre nuove piste. La sua ricerca si ferma *grosso modo* alla fine del Cinquecento perché così le impone la tesi che intende dimostrare. Secondo la studiosa, ci sarebbe stata una forte pressione da parte della politica culturale della Controriforma che avrebbe soffocato il pensiero lucreziano, e questo processo di soppressione sarebbe bell'e compiuto verso la fine del secolo. Noi abbiamo spostato la data d'arrivo alla metà del Seicento quando, secondo la testimonianza di Vico, le riserve nei riguardi di Lucrezio venivano superate, o così almeno si poteva sperare. Quel mezzo secolo in più ci ha consentito di arricchire il gruzzolo di spigolature lucreziane, e non solo di allargarlo in volume ma anche di diversificarlo in vari modi spingendoci su delle piste che non avevamo previsto e che si sono mostrate feconde. Abbiamo visto che la "scoperta" di Lucrezio nei circoli napoletani era ben avviata da vari decenni, e lo attesta in modo convincente l'uso che ne fece Della Porta, e insieme a lui vari altri esperti di diverse discipline. Era una

---

[148] Sull'argomento si veda Giovanni Gasparotto, *Petrarca e Lucrezio: schemi e risonanze del* De rerum natura *nelle opere latine del Petrarca*, Padova, Libreria universitaria editrice, 1991.

fortuna singolare, diffranta in molte direzioni e mai impegnata sul tema fondamentale dell'atomismo, con la sola eccezione dei galileiani.

Cosa accadde nei decenni che seguono e specialmente nel Settecento, dopo che i Galileo e i Bacone avevano insegnato a leggere la Natura in modo nuovo, e dopo che gli Spinoza e i Bayle avevano insegnato a vedere la religione e i miti in modo non superstizioso? La tentazione di saperne di più è forte, anche perché la tenacia della *racematio* ha reso qualche buon frutto e potrebbe renderlo ancora. Ma a questo punto rimanderei alle ricerche di Alessandra Magnoni che ha studiato il tema in modo eccellente e con uno sguardo ampio che attraversa il Settecento e l'Ottocento. Potremmo aggiungere che i maestri di poetica come Muratori e Gravina citarono spesso Lucrezio riprendendo il vecchio problema della liceità dei temi scientifici in poesia, tema riassunto da Benedetto Menzini in una terzina:

Che le Muse dubbiaro anco Latine
Se mertasse Lucrezio, se il ver odo
La corona poetica su 'l crine[149].

Potremmo esaminare la quinta delle *Visioni sacre e morali* di Alfonso Varano dedicata alla peste di Messina del 1647, e troveremmo varie tessere che risalgono al *DRN* nella traduzione di Marchetti[150].

Potremmo spigolare qualche dato, come il ritratto di un Lucrezio severo censore delle credenze superstiziose, e che scrisse del fatale "scontrarsi" degli atomi, come si evince da una "stanza sdrucciola di Angelo Mazza:

Tu che allo spettro minaccioso orrifico
A cui d'Agamennon cadde la figlia
E incontro a Giove e al sul fulmin terrifico
Imperterrito osasti alzar le ciglia;
Tu che canti il vigor di Cipri onnifico,
E l'obbliqua degli atomi famiglia
Dal cui accozzar e raccozzar fortuito
Sorser gli aspetti del mondan circuito[151].

Ma non andremmo molto lontano. Infatti, ammonta a molto poco il *dossier* delle testimonianze, e si ha l'impressione che in Italia non successe alcunché di notevole se pensiamo al solo fatto che «tra il Seicento e il Settecento, in Francia compaiono non

---

[149] Benedetto Menzini, *Dell'arte poetica*, lib. IV, in *Opere*, Firenze, Ricci, 1819, tomo II, p. 275.
[150] Si vedano le indicazioni nel commento di Stefano Strazzabosco alla sua ed. di Alfonso Varano, *Visioni sacre e morali*, Parma, Fondazione Bembo e Guanda editore 2007.
[151] Angelo Mazza, *Stanze sdrucciole*, stanza 17, in *Raccolta di poemi didascalici e di poemetti vari, scritti nel secolo XVIII*, Milano, Società Tipog. de' Classici Italiani, 1828, p. 539.

meno di tredici traduzioni lucreziane, tra integrali e parziali, altrettante in Inghilterra, almeno quattro in Germania. E l'Italia? Rispetto alle altre nazioni europee, il nostro Paese continua a mostrarsi refrattario ad accogliere il messaggio ideologicamente imbarazzante di Lucrezio, pregiudizialmente sentito come un *alter Epicurus»*[152]. Bisogna aspettare che Ugo Foscolo componga *Le Grazie*, specialmente il primo inno scritto in omaggio alla Venere di Canova, dove sono evidenti alcuni echi lucreziani. Foscolo fu, comunque, un lettore attento di Lucrezio, come provano non solo le idee espresse nel sonetto "Alla sera", ma anche la traduzione del celeberrimo episodio lucreziano della "giovenca" che segue sul terreno le tracce del suo vitello che nel frattempo viene sacrificato agli dei nel tempio[153]. Ma ricordiamo che nello stesso periodo Percy Shelly traduceva e rielaborava l'Inno a Venere. Pare che nell'Ottocento ci sia stata un'esplosione di traduzioni studiate dalla Magnoni. Tuttavia non pare che il *DNR* abbia realmente inciso sulla cultura italiana che pure ebbe autori come Carducci e D'Annunzio per i quali Lucrezio avrebbe potuto essere una fonte, se non di pensiero, almeno di immagini e di squarci come l'inno a Venere. Si pensi che la Francia ancora oggi celebra quest'inno con una traduzione caricaturale di Raymond Queneau in cui Venere, per citare un solo distico, compie la sua opera fecondatrice: *«par toi les animaux en leur lieu en leur temps / savourent la planète en y procréfoutant»*. E la parodia viene apprezzata solo dove è vigorosa la presenza del testo parodiato.

Eppure sarebbe ingiusto dimenticare che l'Italia settecentesca almeno in un caso seppe leggere Lucrezio in modo assolutamente nuovo, non tanto come "atomista", quanto invece come antropologo e osservatore della psiche umana che produce il sapere delle cose e guida la reazione ad esse, ed è un sapere che muta nel corso della storia. Quello stesso Vico che notava "la scoperta" di Lucrezio attorno alla metà del Seicento a Napoli, fu il pensatore italiano che apprezzò e respinse il *DRN* per motivi singolari, non sollecitati da timori inquisitoriali, ma proprio dal modo stesso con cui l'Italia l'aveva letto, cioè dimenticandone le tesi atomiste e apprezzandone invece le osservazioni poetiche sui campi più vari. Per entrare in argomento, ricordiamo i versi di Angelo Mazza

Tu che allo spettro minaccioso orrifico
A cui d'Agamennon cadde la figlia

Sono versi che alludono al sacrificio di Ifigenia da parte del padre Agamennone. L'episodio è "orrifico" e aveva sollecitato la lapidaria considerazione lucreziana del "Tantum religio potuit suadere malorum" [1: 101]. Vico riprende quel verso[154] e lo

---

[152] Alessandra Magnoni, art. cit., p. 424.
[153] Su Foscolo e Lucrezio si vedano le indicazioni bibliografiche offerte da Alessandra Magnoni, Ivi, p. 429 e *passim*.
[154] Giovan Battista Vico, *Autobiografia*, in *Opere*, a cura di Fausto Nicolini, Milano-Napoli, Ricciardi,, 1952, p. 19.

piega ad un significato che non era nell'originale. Infatti, se Lucrezio condannava l'azione di Agamennone perché ispirata dalla superstizione, Vico cerca di capirla e quindi anche di giustificarla, riportandola alla "mentalità" che la rese possibile, anzi necessaria. Egli meditò a lungo sul quadro del mondo primitivo tracciato da Lucrezio, e sempre nella sua *Autobiografia*, riconosce l'influenza di Lucrezio che lo portò a superare il cartesianesimo e meditare sulla metafisica di Platone:

Per queste ragioni tutte, le quali avvertì il Vico, egli appresso molto godeva con esso seco, che quanto con la lezion di Lucrezio si fe' più dalla parte della metafisica platonica, tanto con quella del suo Regio più vi si confermò[155].

Vico cita il verso lucreziano sui mali causati dalla religione nella sezione "Degli elementi" (XL) in cui stabilisce alcuni assiomi o "dignità" che creano le basi su cui poggia il pensiero e il disegno della *Scienza nuova*. E i richiami a Lucrezio sono frequenti, come ad esempio, la distinzione tra *anima* e *animus* ("anima vivimus, animo sentimus" [2: 137]) nel capitolo V, "Dell'animo e dell'Anima". Ma non importa passare in rassegna le citazioni lucreziane nell'opera di Vico — tra l'altro sono molto numerose e tutte facilmente ubicabili. Conta invece osservare che egli si soffermò in particolare sui versi in cui Lucrezio descrive aspetti che il poeta romano riteneva primitivi e comunque contrari alla ragione. Per Vico quegli aspetti sono certamente irrazionali dal punto di vista del pensiero moderno, ma sono coerenti con il modo di pensare dominato dalla fantasia e da una visione simbolica della realtà. Sono manifestazioni di un modo di conoscere che è tipico di certe epoche, e queste sono tappe del divenire storico. La storia nei suoi corsi e ricorsi è il metro più giusto di considerare gli aspetti del passato che non si danno più e anche per questo tendiamo, ingiustamente, a considerarli inaccettabili.

Semmai è interessante notare che Vico sembra utilizzare, ma forse inconsapevolmente, il Lucrezio che la cultura italiana aveva celebrato. Ricordiamo che l'Italia aveva rifiutato o volutamente ignorato i principi dell'atomismo, così centrali nel *DRN*, ma si era soffermata sui miti che vi si descrivono, sul terrore causato dai sogni e dai terremoti, sugli aspetti simbolici degli emblemi, sui sensi, e sono per lo più temi che evitano i problemi della fisica. E tutto questo mondo confluisce nella *Scienza nuova* in un modo non più frammentario ma in un disegno organico che per la prima volta presentava all'Europa un'idea di cosa sia la storia e come la si debba leggere. Peraltro è vero che questa grande scoperta rimase per lungo tempo ignorata o in penombra fino a quando la cultura romantica avrebbe scoperto il grande pensatore napoletano. Comunque, ci

---

[155] Ivi, p. 450.

sembra di poter concludere la nostra ricerca con questa sorta di rivendicazione del modo italiano di leggere Lucrezio.

Non ci chiediamo più perché mai Lucrezio in Italia godette di un successo minore di quello riscosso oltre le Alpi; possiamo sostenere, con qualche buona ragione, che ebbe un successo diverso. Inoltre, se è sempre difficile spiegare i dati concreti di cui si può disporre, è certamente molto più difficile spiegare i dati di cui non disponiamo e che vorremmo avere. Il poco che abbiamo raggranellato nella nostra ricerca non cambia di molto la situazione, ma almeno (*hoc est in votis*) apre qualche pista che ripetute esplorazioni potrebbero modificare di un *quantulum* il quadro tradizionale di un'Italia restia a Lucrezio, l'autore che essa scoprì e che poi temette. E il timore suscitato dalle tesi atomistiche spinse l'attenzione su altri aspetti dell'opera lucreziana, e per questo, se il *DNR* non creò rivoluzioni come avvenne in Francia e in Inghilterra, l'opera ebbe una vasta cerchia di lettori che non si occupavano dei principi dell'universo ma si interessavano di fenomeni sismici, delle origini dei sogni, di mostri e vari altri fenomeni naturali, nonché di amore e di letteratura. Tutto questo creò una cerchia di lettori che forse erano più curiosi dei loro pari d'Oltralpe.

La nostra *racematio* condotta su una diversità di piste non è stata del tutto infruttuosa poiché ha messo in luce un fatto mai prima rilevato: Lucrezio fu l'unico autore latino ad avere sollecitato l'attenzione dei lettori interessati ai problemi più svariati. Era un poeta "totale", un autore che veramente abbracciava il mondo nella sua natura e non ignorava gli uomini che l'osservavano, e notava spesso come questi sbagliassero nel trovare spiegazioni. In questo il mondo moderno ha solo Dante che gli possa stare vicino.

www.ingramcontent.com/pod-product-compliance
Lightning Source LLC
Chambersburg PA
CBHW070939240426
43667CB00036B/2434